シベリア抑留者への鎮魂歌

Takeshi Tomita
富田武

人文書院

はじめに

二〇一八年は、第一次世界大戦終結とドイツ革命勃発、ロシアの内戦・干渉戦争開始、米騒動と原敬内閣の成立から一〇〇年の年である。専門分野をもつ学者としては、そのすべてに関心があっても、研究としてできることは限定される。最近はシベリア抑留研究に集中してはいるが、九年前に『戦間期の日ソ関係』を刊行した私としては、シベリア出兵のことが気になっていた。

むろん、原暉之さんの大著にして名著『シベリア出兵』（一九八八年）があるかぎり、迂闊には手が出せない。たまたま、日本軍が虐殺事件を起こしたイワノフカ村を含むアムール州とハバロフスク地方の慰霊・墓参の旅があることを知って、参加することにした。八月にその旅に参加してみて、いろいろな収穫があり、研究上の刺激を受けた。

二〇一八年三月、前年九月に発見した「ソ連で銃殺刑判決を受けた日本人」に関する文書をモスクワの公文書館でパソコンに入力し終え、四月に個人として記者会見を行った（直後に一遺族から連絡があり、本人と確定した）。この抑留研究史上初めての発見を整理したデータにして、『軍事史学』論文の形で世に問うた。最も苛酷な死を公文書から想像して「抑留者へのレクイエム」という名の本を執筆したいと思っていたところ、八月の慰霊・墓参旅行の体験が加わった。

この旅には小さな動機が他に二つあった。一つはアムール州ノヴォ・アレクサンドロフカ村の墓地で、高齢でもはや墓参ができない知り合いの抑留体験者二人の戦友への思いを伝えることであり、うち一人は旅の直前に亡くなったが、その報告も含めて私は墓前で「追悼の辞」を述べた。もう一つは、一九四七年一二月二六日にハバロフスク＝第一六収容所第五分所で起きた火事により捕虜一二二人が亡くなった件で、日本人墓地にあったはずの死者銘板を確かめ、旅の後に残って地方公文書館で旧ソ連側資料を読むことだった。

死者銘板は現地にはなく、たまたま慰霊の旅の一行の一人が一九九〇年代初めの写真を持っていたので、それをハバロフスク地方の抑留問題の「生き字引」G・ポターポヴァさんにお見せしたが、彼女は違うと否認した（九〇年代の経済混乱期に心ない者が金属板を持ち去り、売り払ったものと思われる）。その後、公文書館で資料を読めなかった事情は「おわりに」で説明する。

本書の構成を初出と共に示す。本書は、拙著『シベリア抑留者たちの戦後』（人文書院、二〇一三年）、『シベリア抑留――スターリン独裁下、「収容所群島」の実像』（中公新書、二〇一六年）のような体系性はない。しかし、個別事象の分析という点で概説的な本には収まりきらない内容の論文を収録、再録してある。それも併せて簡潔に説明したい。

序章　シベリア出兵とシベリア抑留　（書き下ろし）

抑留研究は、公文書、回想記を読むこととフィールド・ワークの三要素からなるというのが私の持論である。「出兵」と「抑留」の歴史的現場＝アムール州を見聞し、博物館を訪ね、古老からの聴き取り記録等を入手した上で公文書、回想記と照合しつつ書かれたのが本章である。

第一章　ソ連で銃殺刑判決を受けた日本人　一九四五―四七年

（『軍事史学』二一三号、二〇一八年六月掲載論文を補足・修正）

これは、発見したリストを紹介しただけではない。広く「戦犯」等に対する軍事裁判の実態を示すとともに、特務機関幹部等の運命を可能な限り明らかにしようとした。知られざる日本人の侵攻ソ連軍への抵抗＝奉天事件や、樺太における日本人の朝鮮人虐殺事件も付加した。

第二章　中村百合子――諜報活動の謎と女囚の生き様

（ハルビン・ウラジオストクを語る会『セーヴェル』第三二号、二〇一六年三月所収）

女性の長期抑留者は少ないが、スパイ容疑の中村はユニークである。彼女は帰国直後抑留記『赤い壁の穴』を残したが、その知られざる内容を紹介し、米軍防諜機関の調書、『朝鮮終戦の記録』中の文言から、北朝鮮で活動した米ソ二重スパイだった可能性をも示した。

第三章　石原吉郎――抑留を二度生きた詩人の戦後

（岩波講座『ひとびとの精神史』第二巻、二〇一五年所収）

従来の詩人や文芸評論家の石原論は、当然のことながら詩やエッセイのテキスト解釈ばかりだった。本章は、石原の抑留生活や帰国後の生活を明らかにし、彼の抑留観と心情を分析し、『夜と霧』著者V・フランクルのアウシュヴィッツ体験との比較にまで及んだ。

第四章　四國五郎――抑留体験とヒロシマ

（書き下ろし）

四國五郎は、二〇一七年末『わが青春の記録』（画文日記）の死後刊行で注目を集めた抑留体験者である。抑留の実態をリアルに伝えている画文を、公文書等で補足して説明した。彼が傾倒した「民主運動」、帰国後の広島での活動の分析から、評価の分かれる四國の人間像に迫った。

終章　抑留研究の過去・現在・未来

（『同時代史研究』第九号、二〇一六年所収に加筆）

抑留体験者の大部分が鬼籍に入られつつある現在、研究の歴史と現状を知ることは、当人と遺族・家族にとって意味あるだけではなく、後進の研究者にとっても重要である。それは、二〇一〇年に遅ればせながら研究に着手し、専門家となった筆者の責務でもある。

資料　個人記録データベース化の提言

厚生労働省に対し、実態解明の有力な手がかりとして「個人登録簿」五十数万人分をデータベース化し、研究・調査に供するよう、シベリア抑留研究会は二〇一二年から要求してきたが、実現されていない。この件の重大さに鑑み、この場を借りて資料として紹介する。

目次

シベリア抑留者への鎮魂歌《レクイエム》

序章　シベリア出兵とシベリア抑留

はじめに――二〇一八年夏ロシア極東慰霊・墓参団に参加して

筆者は二〇一八年八月、岐阜の真宗大谷派僧侶・横山周導師（九三歳）が引率するロシア極東慰霊・墓参団に参加した。シベリア出兵一〇〇年にあたり、横山師が二十数年にわたって行ってきたイワノフカ村を含むアムール州及びハバロフスク地方の慰霊・墓参に是非同行したかったからである。横山師は、一九九一年にイワノフカ村を訪れて地元の人から一九一九年三月の日本軍部隊による村民虐殺事件のことを知り、シベリア慰霊・墓参をスターリン、ソ連の犠牲者となった日本人のためにのみ行ってきた不明を恥じ、日本軍の犠牲となったロシア人のためにも行うと決意され、その後二十数年続けてこられた。このことに筆者が深い感動を覚えたからに他ならない。

横山師は少年のとき僧侶で身を立てようと思い、当時の若者の誰もが憧れた満洲に一九四三年五月に渡った。そこで修行中の翌年一〇月、召集を受けて軍隊に入った。そして敗戦、ソ連抑留。ハバロフスク地方コムソモリスク・ナ・アムーレの捕虜収容所に収容されたのは四五年一〇月のことだった。道路や鉄道の建設、森林伐採など、厳寒の中で飢えに苦しみながら重労働に従事した。死亡した仲間

図1-1　イワノフカ村共同慰霊祭

図1-2　イワノフカ村慰霊塔

図1-3　村民36人が生きながら焼かれた場所に建てられた追悼碑

の埋葬に際しては、読経をあげて冥福を祈った。四七年八月、作業のため派遣されていた北方のフルムリで「ダモイ（帰国）」と聞かされ、同二六日に故郷に帰ることができた。

帰国した横山師は小学校、中学校で教鞭をとり、一九八三年、五八歳のとき初めて、全国抑留者補償協議会（斎藤六郎会長、以下全抑協）が主宰するシベリア抑留犠牲者の墓参に参加した。犠牲者や家族のために「自分は何もしてこなかったのではないか」と、深い自責の念に囚われた。そして「これからの人生は僧侶として、できるだけのことをする。健康で体力が続く限り、毎年お参りをしようと決意した」という。

斎藤会長と横山師は九一年にイワノフカ村で日本軍による村民虐殺の話を聞き、九五年全抑協と村は共同慰霊碑を建立した。碑の先端にはロシア正教の十字架が載せられ、中ほどよりやや上にはマリア観音がレリーフに彫られた。横山氏は二〇〇六年にはNPO法人「ロシアとの友好・親善を進める会」を立ち上げ、自ら会長に就任した。一七年六月にはイワノフカの子供たちを、自分が住職を務める寺のある揖斐川町に招いて「日露交歓コンサート」を行った。[1]

こうした活動は全国各地で共感を呼び、二〇一八年夏の慰霊・墓参団には三四人もの参加者があった。イワノフカの共同慰霊碑前での合同慰霊祭は、ロシア正教と日本仏教の双方の儀礼により行われ、二人の僧侶がともに「懺悔《ざんげ》」という言葉を口にしたのが印象的であった。その晩の夕食会では、遠くモスクワから参列したE・カタソーノワさん（元斎藤会長秘書で抑留研究者）が「懺悔」が碑文には刻まれなかったことも含めて、九五年当時の事情を解説してくれた。

イワノフカ村事件のことは、ロシア史研究者の原暉之が大著『シベリア出兵』（一九八八年）で明らかにしたが[2]、一般にはほとんど知られていない。シベリア抑留も、関東軍がなぜ満洲に駐屯していたのかを考えれば、日露戦争の勝利で日本が満洲に利権を得、さらにロシア革命の混乱に乗じて出兵し、反ソヴィエト勢力を支援し、チタまで侵攻して極東の住民を苦しめたことに思いが至るはずである。日本はソ連が一方的に日ソ中立条約を破って参戦したことを批判できるが、日本がシベリア出兵という侵略戦争を行ったことに頰かぶりすることはできない。

本章は、前半でシベリア出兵につき原の労作を踏まえ、いくつかの未利用資料を紹介して補足するとともに、その後の日ソ関係に与えた影響を考察する。後半では、今まで誰も書かなかった「アムール州における日本人捕虜」に、資料不足ながら挑戦する（資料不足は、慰霊・墓参の後にハバロフスクの公文書館で始めた調査が「おわりに」で紹介する理由で中止させられたことに因る）。

第一節　イワノフカ村事件と「出兵」の歴史的影響

1　イワノフカ村虐殺事件

原は『シベリア出兵』の後に論文「アムール州イヴァノフカ村の『過激派大討伐』（一九一九年）」で、前著では用いなかった資料をも駆使して事件の背景と経過を詳細に記している[3]。ここでは、その要点を示すに留める。

まず、浦潮《ウラジオ》派遣軍（第三、七、一二師団）中、一九一八年末の時点でアムール州に配置されていたのは第一二師団歩兵第一二旅団（山田四郎少将）で、ブラゴヴェシチェンスク二個大隊、ゼーヤ一個大隊、アレクセーエフスク（現スヴァボドヌィ）とザヴィータヤに各二個中隊、ウシュムンとルフロヴォ（現スコロヴォディノ）各一個中隊で、基本的にアムール鉄道沿線だった。日本が支援するロシア白衛軍・コサック部隊は、ザバイカル州（州都チタ）にセミョーノフ軍、ウスリー江方面にはカルムィコフ軍、アムール州（州都ブラゴヴェシチェンスク）にはガーモフ軍が割拠していた。

アムール州では、一九一九年一月から日本軍の圧政に抗する農民主体のパルチザン部隊が登場する。一月一〇日にマザノヴォで、農民蜂起軍がアレクセーエフスクから派遣された日本軍歩兵一個小隊を襲撃し、大損害を与えた。二月二五日から二六日にかけて、ハバロフスクからアムール州に配置換えになった一個大隊がユフタ駅で全滅の憂き目にあった（戦死者二八〇人）。この敗北により大井成元第一二師団長は「師団全力を以てする大討伐」を決断した。地の利を知るパルチザンのいわば神出鬼没の行動に疲労困憊し、神経過敏になっていた日本軍部隊は、村の焼打ちや村民の銃殺に走るようになった。

山田少将は二月中旬、過激派が日本軍を襲撃するかと思えば良民を装うので判断がつかないため、日本軍及び白衛軍に敵対する村民があれば「容赦なく該村人民の過激派軍に加担するものと認め其村落を焼棄すべし」と指示した。下旬になると「各村落に於て過激派赤衛団を発見したる時は広狭と人口の多寡に拘らず之を焼打して殲滅《せんめつ》すべし」と指示を徹底した。

こうしてパルチザンの巣窟《そうくつ》と見なされたイワノフカ村掃討が「坂井支隊に対し徹底的に之を膺懲《ようちょう》すべきを命ぜり」という山田旅団長命令をもって開始された。浦潮派遣軍政務部から派遣された佐藤熊男と沢野秀雄の報告書が、三月二二日の惨状を伝えているが、ここでは原による引用を繰り返さない。

極東国際軍事裁判のソ連側検事が提出した「日本軍によるイワノフカ村焼打ちに関する極東通信社コミュニケ」を紹介する。(4)

日本軍支隊は、村の北西と東から展開した。村に対する砲撃が約二時間続き、日本軍部隊が村を包囲した。部隊は、敢えて村に留まった平和に暮らす労働者、無力で非武装の村民に攻撃を加えた。

部隊は平和な村を襲撃したのち、住居を藁で囲んで火を放った。ついで男性の村民を村の隅々から中央部に駆り立てた。連行に応じない者はその場で射殺され、住居とともに焼かれた。

集会に行かされると思った人も多かった。砲撃のショックから覚めて落ち着いてきたからである。しかし、村の中央部での銃撃を目にし、広場に連行され、日本人がライフル銃の台尻で打擲《ちょうちゃく》したとき、村民は何をされるか気づいたが、もはや逃げて助かるには遅かった。

死刑執行人たちは笑いながら、わざとゆっくり農民たちを一列に銃口の前に並ばせた。「撃て」の命令で機関銃が火を吹き、無辜《むこ》の犠牲者たちが地面に崩れ落ちた。

三〇人ほどの第二団は、処刑場からさほど遠くない場所に連行された。空の物置に押し込まれた。鍵がかけられ、火が放たれた。天井から脱出しようとする者は銃撃された。近くから銃撃した日本軍とロシア白衛軍の将校は、タバコを燻《くゆ》らせながら、焼死する無辜の犠牲者をあざ笑っていた。しばらくすると、日本軍兵士の一部は住居を家捜しし、トランクをかき回し、隅々まで漁って、金目のものを持てるだけ略奪した。住居に隠れていた婦人や少女をレイプした。

日本軍による虐殺の犠牲者は二五七人に上った。うち婦人は一〇人、子供は四人、一歳か一歳半の幼女

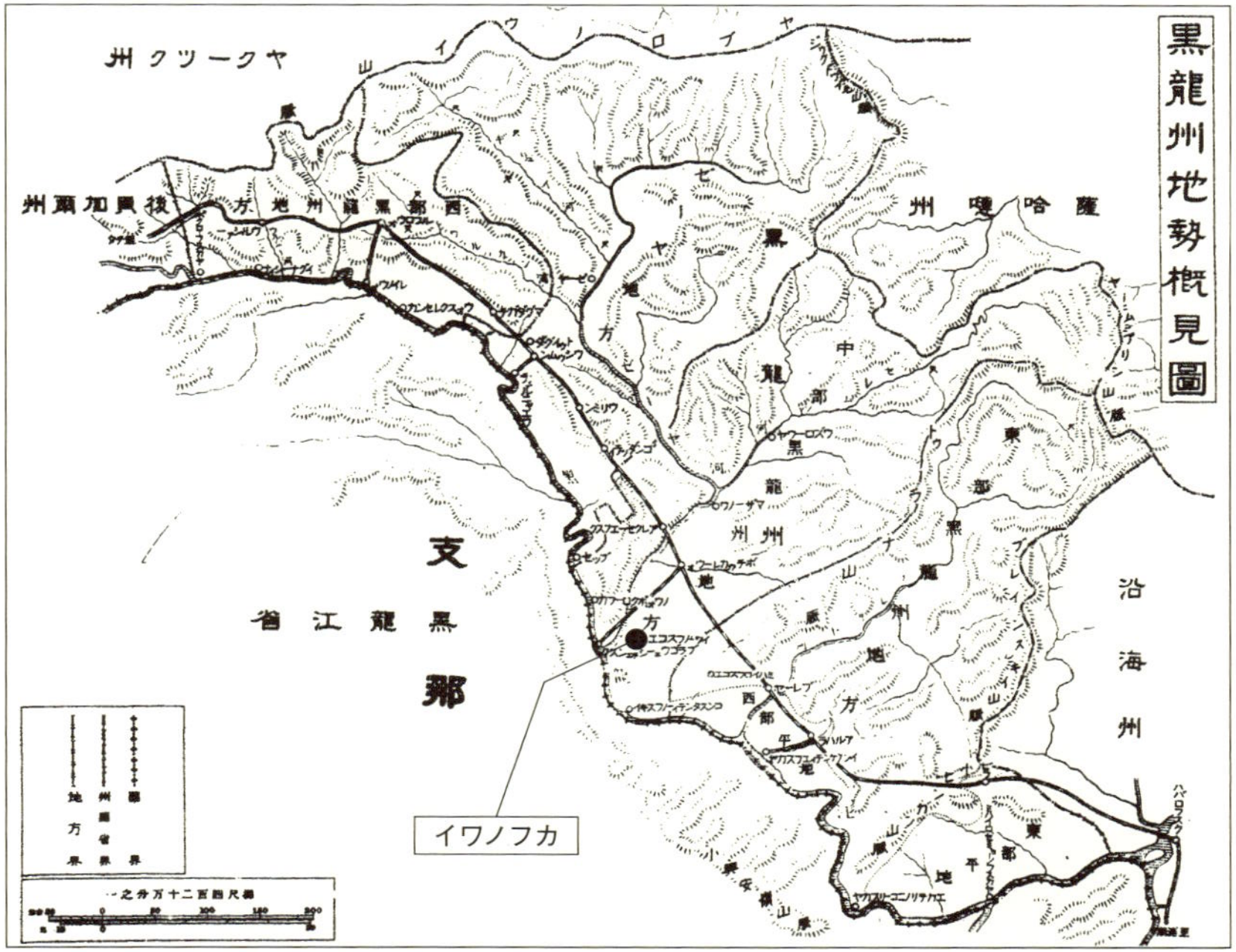

図２　アムール州（出典：陸軍参謀本部編『西伯利出兵史』1924年，復刻1972年）

もいた。中国人と物乞い数人もいた。中国人は二〇〇人が一緒に銃殺されるはずだった。約一五人が街中で殺害され、一七人が怪我を負い、その多数が死亡した。

（中略）アムール州でイワノフカ村と同じような目にあったのは、ソハチノ、マザノヴォ、クラスヌイ・ヤール、パヴロフカ、ヴァシリエフカ、タンボフカ、アンドリャノフカなどであった（図2）。

このほか、白衛軍の一大尉がブラゴヴェシチェンスクに一九一九年三月に出張して記した報告書がある。そこには日本軍部隊とパルチザン部隊の戦闘の経過だけではなく、日本軍が白衛軍とコサック部隊に国旗を持たせず支配者のごとく振る舞ったことへの批判も記されている。山田旅団長の全村殲滅の命令、各地で行った「掃討」作戦、イワノフカ村では二〇〇人以上が銃殺され、生きながら焼かれたことも註記されている。[5] 他に、ブラゴヴェシチェンスクの日本特務機関が作成した「アムール州付近過激派主要人名簿」も残されているが、そこにはムーヒン（ブラゴヴェシチェンスク市ソヴィエト議長）、クラスノシチョーコフ（極東地方ソヴィエト議長）らの名前が見える。[6]

なお、この虐殺事件を扱った叙事詩劇が二〇〇七年に発表されているので紹介しておきたい。

叙事詩劇『村の悲劇』より（二〇〇七年作）

脚本：ドゥーニン・アレクセイ・イワノーヴィチ（一九七四〜二〇一一）

翻訳：樟山《くすやま》由美（翻訳・通訳業）

朗読者1

人は言うだろう、私たちが傷を大事にしていると
人は言うだろう、忘れろと
あの嵐のような苦難の時代を
過去には目をつむれと
いや、そうはいかない
無残にも焼かれ、銃殺された
かよわい子供たちや母たち父たちの
歴史なのだから
赦すことはしたものの
私たちには忘れることは許されない
私たちは心に傷を残して生きることを運命づけられている
それほど深いイワノフカの傷

朗読者2

春の日は悲劇を予言してはくれなかった

暖かさが押し寄せ
庭の花は開花を待ち
大地が仕事を呼んでいた
イワノフカ村の住民たちはまだ知らなかった
その日が歴史に残る日になることを
その日、その年
痛みと呻《うめ》き声、それらが彼らの子孫たちの耳に届くことを

朗読者1

村は一瞬静けさに包まれた
五月の嵐の前の静けさのように
カラスの群れだけが静けさの中で飛び回っていた
まるでイワノフカ村に災いを呼ぶかのように

朗読者2

稲妻が走った、空ではなく地の上に
心が震えた
平和と静けさを破り

一瞬で村全体が炎に包まれた

朗読者1

血走った獣たちは己の剣を抜いた
年寄り、子供、妻たちに向けて
経験豊かな年寄りさえ
この悪辣な行為で殺された
男の子たちは人々に伝えたかったのに、間に合わなかった
逃げるよう、日本人から逃げるようにと
教会の鐘だけは黙ってはいられなかった
その響きはタイガまで鳴り響いた

朗読者2

強い精神力を持った我がロシアの民よ
試練の時が
左にも鞭、右にも鞭
お前は苦しみの鍛冶場の中
それでも鉄は焼かれて強くなる

時が傷を癒してくれる
そしてお前は喪のヴェールを脱ぎ
　辛そうに重荷をおろすだろう

朗読者1

　空から落ちてきた銃火は
　一気に止んだ
炎を上げるまばらな森だけは
燃え続けた
村は炎と煙に包まれた
いたるところに死と叫び声
そこで誰かが若くして死んだ
手で顔を覆ったまま
足をなくした老人が
家の玄関に横たわっていた
この老人にいったい何の罪があったというのか
仕事一筋で生きてきたのに

朗読者2
村が燃えている、家が燃えている
どこもかしこも痛みと苦しみ
一瞬気がおかしくなった人々が
手をあげて走っている

朗読者1
なんのために？　どうしてこんな死が？
何で子供たちや老婆たちが？
生きたまま村が焼かれてしまったのはなぜ？
この人々が弱かったから？

朗読者2
そして獣たち、そうとしか言いようのない彼らは
焼かれた村にやってきた
血に染まったその手で成果をおさめ
死から快感を得るために

朗読者1

獣たちは村を焼き払うだけでは気が済まなかった
獣たちは人間の血を知った
己の悪を増強させながら
さらなる虐殺を目論んだ

朗読者2

日本人たちはコサックたちと一緒になって
生き残った人々を追い立てた
足蹴り、軍刀、銃剣で
額の血に染まった汗を拭いながら

朗読者1

監視下のなか人々包囲の輪の中へ連れていかれた
生き延びようと、人々は黙った
そこには、母親にしがみついた子供もいた
老いた中国人は先へと急いだ
望みがあった、殺さないだろうという

彼らは何もしていないのだから
農民の仕事、野良仕事…
彼らには他に何もいらないのだから

朗読者2

その場所で彼らは機関銃で撃たれた
息のある者は銃床で打たれた
そして世代がいなくなった、家系もなくなった
まるで消して、洗い流してしまったかのように
二〇〇名近くの人々が銃弾に倒れた
子供たち、女たち、老人たちが
なんで？　殺された人々の心が叫んだ
どうして？　それが彼らの最期だった

朗読者1

傷は深くても治るが
時はすべての傷を癒してはくれない
犠牲になった者たちの名を思い出す

私たちの祖父たちが、父たちが
子供たちや孫たちに話して聞かせよう
村の恐ろしい悲劇のことを
先祖がどのような苦悩を味わったか
燃え尽きた罪なき人々のことを

朗読者2

二〇世紀終わりに
村には記念碑が建てられた
悲しみと苦難の時代の記憶だ
私たちの傷ついた地に
そこには懺悔という碑文がある
日本国民の哀悼
苦悩への赦しを乞うている
時はすぐれた医者だ

朗読者1

赦すことはしたものの

私たちに忘れることは許されない
記憶をなくして生きることはできない
それほど深いイワノフカの傷

2 「出兵」は日本軍に何を残したか

まず「出兵」がソ連人に残したものとして、彼らは日本人に対する悪感情を忘れず、それがイデオロギー教育によって増幅されたことを指摘しておきたい。ハバロフスク地方のゴーリン付近の住民、シニャンという女性は一九九〇年代にインタヴューに答えて、日本人捕虜と接しているうちに感情は和らいだが「彼らが勝っていたらどうなったろう、祖父や祖母から日本人が内戦中極東でどう振る舞ったかを聞いていたのです」と語った。(7) 一九四五年九月二日、日本降伏文書調印の日にスターリンが国民向け演説で、日本の侵略の歴史を語り、干渉戦争（シベリア出兵）にも言及して対日参戦を正当化したことはよく知られている。そのしばらく後コムソモリスクの収容所に収容された柳田昌男という捕虜は、当初子供たちの姿を見かけないので理由を尋ねると、「こんど来た日本人は人間を食べる人種だから、子供は外に出さないように気をつけろ」ということが一部で信じられていたと記している。(8)

「出兵」が日本軍に残した影響としては、第一に、「共匪」恐怖症が挙げられる。農民のパルチザンや民族主義的抵抗を、そこに正当な要求や批判が含まれていても共産主義者が煽動、指導していると捉え、弾圧する態度である。シベリア出兵後半に直面した間島《カンド》（満洲東南部、のちの延辺《イエンビエン》自治州）の朝鮮人民族運動に対する弾圧、満洲占領の全期間にわたる中国人、朝鮮人の民族運動に対する弾圧、そして日中戦争期の抗日ゲリラ＝パルチザンに対する弾圧である。中国北部で日本軍が一九四一年に行った「三光作戦」（奪い尽くし、焼き尽くし、殺し尽くす）の原型は、イワノフカ村虐殺事件に他ならない。

第二に、敵国に対する情報収集＝スパイ活動を専門とする軍の機関＝特務機関が設置されたのも、シベリア出兵期である。参謀本部第二部傘下に哈爾濱《ハルビン》のほか、ウラジオストク、ブラゴヴェシチェンスク、オムスクの白衛派政権に付設されて内戦＝干渉戦争を有利に進めようとした。干渉戦争が失敗するとこれらは撤収され、満洲事変以降、ハルビンを中心に満洲国の要所、とくにソ連、外モンゴルとの国境付近（満洲里《マンジュウリー》、海拉爾《ハイラル》、佳木斯《ジャムス》、黒河《サハリヤン》、牡丹江《ムーダンジヤン》、興安《ヒンガン》など）に設置され、対ソ戦争を想定した情報収集に当たった。正確には、ハルビン特務機関が課報、関東憲兵隊が防諜（スパイ浸透阻止）を分担し、ソ連との間で熾烈な情報戦を繰り広げた。中国北部への侵攻以降は、中国と米英を対象とする特務機関が各地に設置された[9]。

第三に、日本による白系ロシア人の利用も、シベリア出兵に起源をもつ。ソヴィエト政権に反対する亡命ロシア軍人・コサックを支援したのだが、干渉戦争が失敗してもセミョーノフとは連絡を維持した。日本は満洲事変以後、ロシア・ファシスト党などの政治団体を監督する「在満亡命ロシア人事務局」（ブレム）を設立した（一九三四年[10]）。さらに三八年「白系露人部隊」（指揮官満洲国軍浅野節上校、通称浅野部隊）が設立され、ハルビン特務機関長に直属した。

この部隊は対ソ戦争に備えて「威力謀略」（ソ連軍後方での破壊工作）を専門とする部隊として設立されたものの、一九四五年四月ソ連による日ソ中立条約破棄通告の微妙な情勢下で、秦彦三郎総参謀長によって解散された。ブレムはというと、三五年の中東鉄道の満洲国への売却にロシア・ナショナリズムの立場から反感を抱き、四三年初めのスターリングラード戦のソ連勝利で親ソに転じつつあった。ブレム行政部の要職にあったマトコフスキーは翌年から「祖国防衛」派＝ソ連支持に回った。関東軍情報部（四〇年ハルビン特務機関が改称）の亡命露人スミルノフ元大佐も同様だった。[11]

この結果ソ連が対日参戦したとき、ブレム幹部らがソ連軍制服を着て現れたことに関東軍将校らは驚愕することになった。満洲国軍の一部も反乱を起こした。破竹の進撃を続けるソ連軍に関東軍が敗れただけではなく、民衆の支持を欠いた（日本人居留民をさえ見捨てた）ため対ソ・パルチザンは起こるはずもなく、「決死隊」による散発的な抵抗（第一章）だけで終わった。セミョーノフらはモスクワで裁判にかけられ、銃殺された。

こうして満洲国と「五族協和」はあえなく潰え去った。従来の被支配者が支配者に対する恨みを晴らそうとしたのも無理はない。いずれにせよ、シベリア出兵の教訓を生かすことなく、帝国支配を拡大、維持しようとした日本は軍事的のみならず、政治的にも敗北したのである。

ちなみに、シベリア出兵とシベリア抑留を二つとも経験したのは、職業軍人の一部だが、私の母方の大伯父（一八九二―一九五九年）は、一九一九年から一年間ニコリスク（沿海地方ウォロシーロフ）で小隊長、中隊長代理を務め、日ソ戦争時には、少し前に中国戦線から回された朝鮮北部の図們《トーメン》で連隊長として捕縛され、タンボフ州ラーダ、ついでタタール自治共和国エラブガの収容所で抑留生活を三年間送った（戦友会向けエッセイに、送還のためナホトカに向かう途中で二〇年近く前の出来事を思い出したと記している）[12]。私が今回の慰霊・墓参団に加わった動機の一つには、このような事情もあった次第である。

第二節　アムール州における日本人捕虜

1　州全体の状況――公文書から

アムール州は、大雑把にはアムール鉄道（以前は東部で満洲を横断する中東鉄道が主力だったが、戦後それが中国に引き渡された。北方ではバム鉄道が建設中）の沿線にあるが、州都ブラゴヴェシチェンスクはベロゴルスク（当時はクイブィシェフカ）から南西に延びる支線の終点である。アムール河（鴨緑江）に支流のゼーヤ河が合流する港町で、対岸は中国の黒河《ヘイホー（サハリャン）》である。新京、奉天、吉林、孫呉などでソ連第二極東方面軍に捕縛された日本軍将兵が入ソした最初の街だった（図3、第二〇収容所）。ライチハ（都市としてはライヒチンスク）も、本線のブレーヤから西方に延びる支線の終点である。ここには極東有数の炭鉱があり、第一九収容所の捕虜は約二万人、うち第一分所は収容人員一万人で最大規模だったという。

ちなみに旧ソ連公文書によれば、一九四六年六月一日現在で第一九収容所には八分所計一万二九七人、第二〇収容所には一八分所計九七四八人が収容されていた[13]。別の、直後に見る公文書によれば、第二〇収容所には、一九四五年一〇月一日時点で一万六一三二人（うち朝鮮人五三五人）が収容されていたから、八カ月余りで激減したことになる。一つは四五年一〇月時点では、西方への移送途中の者が含まれ、もう一つは、北朝鮮への「逆送」が始まっていたためであろう[14]。

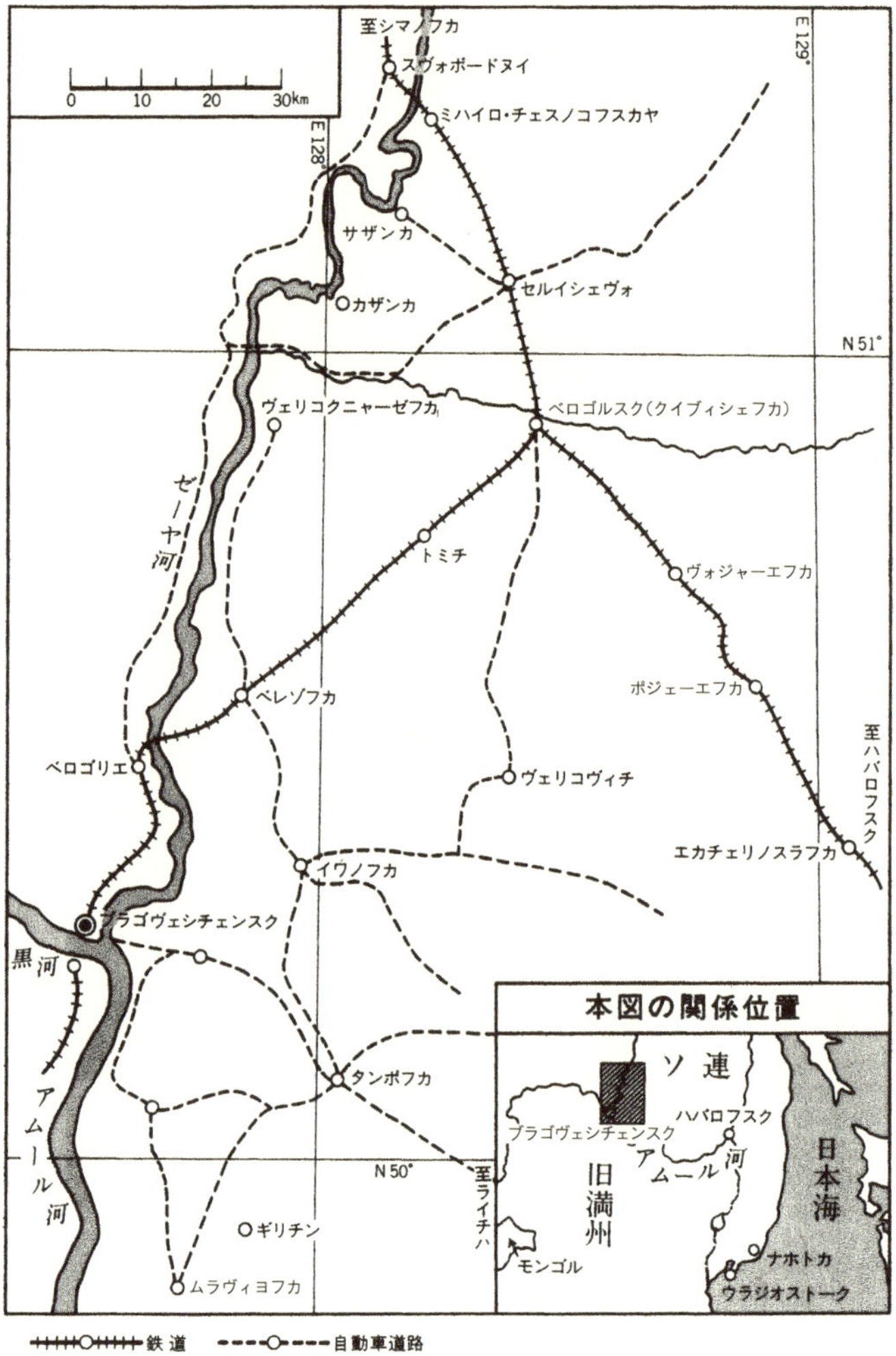

図3　ブラゴヴェシチェンスク周辺（出典：『捕虜体験記』Ⅵ，1988年）

筆者の知る限り、アムール州における日本人捕虜を扱った公文書で公刊されたものは一つしかない。資料集『ソ連内務人民委員部／内務省捕虜・抑留者業務管理総局の地域的構成　一九四一―一九五一』に収録された、アッケルマン内務省ハバロフスク地方本部捕虜・抑留者業務管理部長代行（中佐）のブラゴヴェシチェンスク（第二〇）収容所の活動（一九四五年九月～一九四八年五月）に関する報告である。[15] 同州が一九四八年八月までハバロフスク地方の一部だった事情から、独立した報告書はこれだけで、報告期間の終期も分離の直前となっている。

まず、そこから同収容所の分所と所在を示したリストを紹介する（表1）。アムール州は一九四六年一月という早い時期に、一部の西北の分所が西方のスコロヴォディノ（第六）収容所の傘下に（東南のザヴィチンスクの分所だけは第一九収容所傘下に）移る変化があったため、統一的な把握が難しい。ただアムール鉄道の沿線・支線にあること、極東随一の農業地帯であることが、この州における日本人捕虜の状態の理解には役立つ。

第二〇収容所の日本人捕虜が使役される主要な労働は、以下のようであった。①水運人民委員部／省の積み荷・荷降ろし作業、船舶修理、②陸海軍企業建設人民委員部／省の建設資材（煉瓦）の加工、③道路建設人民委員部／省の道路修理・建設、④林業人民委員部／省の木材調達、⑤交通人民委員部／省の貨車修理、積み荷・荷降ろし作業、採石作業、木材調達、⑥ソフホーズ人民委員部／省のソフホーズでの農作業である（人民委員部が省に変更されるのは一九四六年三月）。

捕虜が満洲から移送されて収容所に落ち着くまでの条件は、他の地方・州と同様に悪かった。何日も暖かい食事が支給されないこともあった。シマノフカ村では二週間も、一五〇〇人もの捕虜が屋外

表1　ブラゴヴェシチェンスク（第20）収容所の分所等と位置

番号	所在	説明	備考
1	ブラゴヴェシチェンスク市		分割，第11分所（46.03）
2	シマノフカ駅		第7分所が移転
3	クイブィシェフカ	現ベロゴルスク駅	
4	バム鉄道駅		第6収容所へ（46.01）
5	ハイラ・スタイ駅→ラズドリノエ村（移転？）		
6	スコロヴォディノ駅		第6収容所へ（46.01）
7	ジャトヴァ駅	シマノフカ駅東南30 km	第6収容所へ（46.01）
8	シワキ駅		同上
9	ミハイロ・チェスノコフスカヤ村	スヴァボドヌィ市郊外	分割，第8分所（46.03）
10	トゥ駅		
11	ウシュムン駅		第6収容所へ（46.01）
12	ムヒノ駅		
13	ディム・ソフホーズ（タンボフカ地区）		
14	パルチザン村（タンボフカ地区）		
15	ヴォジャーエフカ村		
16	ユフタ駅		
17	イリイノフカ村		
18	ザヴィチンスク駅	ライヒチンスク北35 km	第19収容所へ（46.01）
19	エフレイ・パヴロヴィチ駅	最西端	第6収容所へ（46.01）
510	独立労働大隊（クイブィシェフカ）		
523	独立労働大隊（ペトルシー）		
888	特別病院（クイブィシェフカ）		

（出典：註15）

に置かれた。収容所は狭く、シャワーも滅菌室も、下着も石鹸もなかった。

そこで一九四五年末から四六年末にかけて、アムール州の捕虜に伝染病が蔓延する危険が生じた。まず、第一分所で一八六人が発疹チフスにかかり、六人が死亡した。一二月末までに虱保有者はいなくなったが、今度は第一八分所で五八人の患者が出た。同じ分所ではアメーバ赤痢も発生した。一四の分所のうち医者がいるのは三分所のみで、あとは経験不足の衛生兵がいるだけだった。

伝染病蔓延の脅威は、一九四六年春から夏にかけてようやく去った。病人を休ませる療養組も各分所に設置されたが、同年に入った者は三九九五人、いくつかの分所には医務室も設けられた。長期療養を要する患者は、クイブィシェフカの第八八八病院に入院した。病気の第一位は栄養失調症で、四五年に患者は四七三人（うち死亡四〇人）、四六年は一六八九人（一一八人）だった。全病死者は、四五年五四人、四六年三〇三人、四七年七人、四八年一人、合計三六五人だった。

食糧・物品供給は、当初は輸送力（トラック、部品、車庫等）不足で滞ったが、四六年末までには改善された。支給基準は守られ、捕虜の身体的状態や作業ノルマ達成に応じて支給された。四七年には、野菜及び乳製品の収容所補助経営が組織され、栄養不足を補った。捕虜のパンは、一般人と同じくパン工場から支給されるか、分所が自前のパン工場から支給した。

分所にはシャワー室があって身体も衣服も清潔にでき、シャワー室がない二つの分所では街の入浴・洗濯設備が利用できた。燃料の薪の供給が中断することはなかった。分所の警備は緩やかで、初期は捕虜と住民との交流（法規上は禁止）の余地が大きく、標準的な警備体制が整えられるのは、ようやく一九四七年であったが、その頃には日本への送還が進行していた。

送還は四六年一〇〇〇〇人、四七年三九〇六人、四八年二五五六人、合計七四六二人と記されている。先に四七年二月の収容人員は九七四八人と示したので、その差二三〇〇人弱が気になるところだが、国防省の管轄である独立労働大隊（五一〇、五二三）が六七九人（各三八三、二九六）残っているほか、第八八八病院に残っている者（人数不明）、そして公文書には記されていない他の収容所への移動の結果と解する他ない。

アムール州がハバロフスク地方から分離したときには、日本人捕虜はほぼいなくなったが、それでは誰が後を引き継いで強制労働に服したのかという疑問が生ずるであろう。実はソ連は戦後、ドイツ軍の捕虜になったことのある自国民帰還兵、領土に併合した（再併合した）ポーランド、バルト三国等における「反ソ分子」、あるいは新併合地での農業集団化に抵抗した農民をシベリア、極東に大量に強制移住させ、ドイツ人、日本人等の捕虜の帰国後の穴埋めをしていたのである。

例えば、アムール州に送り込まれたウラーソフ軍（同中将に率いられてドイツ側で戦った「ロシア解放軍」）兵士は、一九四九年一月時点で三一八五人（ソ連極東全体では三万九一三七人）もいた。また、ラトヴィアからアムール州に強制移住させられた人々は四九年で二〇二八家族、五四五一人を数え、そのかなりの部分が、最初はスヴァボドヌィ市に住まわされて木材積み替え作業に従事し、まもなくゼーヤ河上流の森林伐採区に汽船で移送されたという(16)。

2　各分所の様子——回想記から

(1)ブラゴヴェシチェンスクとその周辺

まずブラゴヴェシチェンスクについて。『捕虜体験記』Ⅵで、編者の高橋大造が「市街地での体験記の寄稿の少ないのはなぜだろうか」と書いているように、収録されていない[17]。私の手元には、夏梅誠一『「棄民」のあしあと』くらいしかない[18]。

夏梅は孫呉《スンウー》で捕虜になり、そこで編成された作業大隊（一〇〇〇人）の一員として黒河まで三日半歩き続けてから、艀《はしけ》に乗せられてブラゴヴェシチェンスクに到着した。収容されたのは煉瓦づくりの大きな建物で、帝政ロシアの軍人か土地の顔役のものだったのが、ロシア革命直後に赤軍兵士か、シベリア出兵時に日本軍隊が破壊したのではないかと想像をめぐらした。労働は波止場での荷役作業で、六〇kgの大豆入り麻袋をかつがされる重労働が毎日続いた。冬が近づくと外套、帽子、手袋、靴が支給された。アムール河が凍結すると、氷上にレールが敷かれ、鉄道が走ったのには驚かされた。その貨車への積荷作業がきつく、穀物なら失敬する余得もあったが、それも失われた。

収容所（第一分所）は不潔なため、蚤、虱、ダニの巣窟となり、伝染病に倒れる者が続出した。労役に従事する者が減り、代わりに凍った糞のピラミッド崩し、死体の運搬と埋葬という嫌な使役があった。「仲間の死体を〝襤褸《ぼろ》くず〟のように扱っていたことを悔いることもなかった」という。労役に出られる者が半数近くに減った一九四六年早春に、これ以上奥地に移送しても役立たない夏梅たちは満洲に送り返された。いわゆる「逆送」で、その数は一万五五五〇人に上った[19]。

池辺貞喜（画家）はブラゴヴェシチェンスクを通過して、北方ムヒノの第一二分所に移送されたが、ブラゴエ（当時の日本人捕虜による呼称）の印象を記している。日本人捕虜がもの珍しくて集まってきた子供たちの姿が「粗末な垢だらけの服を着て、その殆どが裸足だった」のを見て、これが戦勝国かと驚いたという。[20] このような観察は、他の地域でも頻繁に記録された。

ブラゴヴェシチェンスクの三五㎞南南東にラズドリノエ村がある。ここには第五分所があり、捕虜が五〇〇人収容されていた。横山周導師の慰霊・墓参団と交流する同村博物館が、村の子供達のサークルによる古老からの聴き取りを収録した「戦争期のわが村域における日本人」（露文、富田邦訳）が興味深い。[21] 七人（うち女性三人）の当時一〇歳前後だった村民が覚えている日本人捕虜の様子が描かれている。

箇条書き的に記すと、①彼らは野菜保管庫に住まわされたが、自分たちで浴槽を作るなど工夫をした。有刺鉄線はあったが警備は緩やかで、村を歩き回ることもできた。②主な仕事は、村が農業・酪農地帯のため牛の放牧や干し草集めだった。食事は粗末だったが、パンはソフホーズ（国営農場）から提供され、食糧不足の村民が好意で牛乳やスメタナ（サワークリーム）を振舞うこともあった。③捕虜側も、軍医が村民の治療に当たり、薬品を与えた。一般にソ連国民が捕虜と交わることは禁止されていたが、少しずつ接触が広がっていった。④捕虜の何人かは片言のロシア語を話すようになり、日本語の歌のほか「カチューシャ」をロシア語で歌う者もいた。⑤総じて、村民は日本人の勤勉ぶりや清潔さを評価し、中には欧州部でドイツ軍の占領を経験し、戦争の悲惨さを身をもって知るがゆえに、日本人捕虜に同情する者もいた。⑥この第五分所では全員が生き延び、付近の第三分所では死者が出たが、その違いは同じ農業でも前者は酪農で、捕虜も乳製品にありつけたからだと思われる。

ラズドリノエ村の真東三〇㎞（ブラゴヴェシチェンスク南東六〇㎞）にノヴォ・アレクサンドロフカ村がある。ここには第一三分所があったが、その捕虜たちは帰国後「ブリヤン（雑草）会」を作り、うち新京経理学校出身者は「緑園会」という同窓会にも属していた。私はまず二〇一二年に双方に属する大岡明男、ついで成冨満と知り合い、一五年には二人を含む「緑園会」メンバー四人と会食した。

大岡によれば、第一三分所の捕虜（総勢五〇〇人）は主として〔ディム〕ソフホーズでジャガイモ掘りをさせられた。成冨ら六五人はタンボフカに回されて農作業に従事し、その過程で階級章を外した。成冨は仲間とともにノヴォ・アレクサンドロフカ村に戻ったが、肋膜炎でブラゴヴェシチェンスクの病院に入院、反軍闘争を経験した。その後クイブィシェフカで重労働をさせられ、その結果第八八八特別病院に入院、そこから一九四八年五月に帰国した。

ノヴォ・アレクサンドロフカ村の墓地に「ブリヤン会」は一九九一年夏、九五年夏にお参りしたが、墓碑五基は九一年春に村人が建て、周りを柵で囲ってくれたものである（図4）。九五年夏の墓参の折に真ん中に「日本人鎮魂の碑」を取り付け、翌年夏に成冨の子息が「ゴルバチョフ死亡者名簿」記載の一六人の名を記したプレートを持参し、村に取り付けてもらった。[22] それが何者かに持ち去られたので（九〇年代のロシア経済混乱期に各地の墓地であった）、村が二〇一五年に再取り付けを申し出、一六年墓参の折には新墓碑銘が見られた。これを「村山常雄死亡者名簿」で可能な限り漢字に変え、階級と死亡日を示したのが表2である（うち竹内悌三は、一九三六年ベルリン・オリンピックの日本代表サッカー・チームのメンバーだった）。

私は大岡、成冨の二人から「戦友によろしく」と言われ、墓地では「追悼の辞」を述べ、八月一〇

図4　ノヴォ・アレクサンドロフカの墓碑5基

表2　ノヴォ・アレクサンドロフカ村墓地の墓碑銘

墓碑銘記載		村山名簿記載		
氏名	生没年	漢字名	階級	死亡月日
アシダ・カズオ	1925-1946	芦田　和夫	兵	4月11日
イトー・セイイチ	1908-1946	伊藤　清一	兵	7月3日
オガタ・アキオ	1925-1946	(該当者なし)		
キタジマ・ミツマサ	1924-1945	(該当者なし)		
カワノ・エツミ	1925-1945*	漢字不明	上等兵	10月17日
クボタ・リョーヘイ	1923-1945	久保田良平	兵	11月9日
クリハラ・カズオ	1925-1945	漢字不明	兵	11月9日
スギヤマ・アツシ	1923-1946	杉山　厚	少尉	4月6日
スズキ・トシオ	1917-1946	(該当者なし)		
シマダ・マサオ	1926-1946	漢字不明	兵	5月14日
タケウチ・テイゾー	1908-1946	竹内　悌三	上等兵	4月12日
ナカザワ・タツシ	1925-1945	(該当者なし)		
フジカワ・ナミユキ	1925-1946	藤川　竝之	少尉	11月4日
ムラマツ・アキラ	1925-1946	村松　明	兵	11月26日
ヤマザキ・リョーゾー	1920-1946	山崎　亮三	上等兵	4月8日
ワタナベ・サトル	1925-1945	渡辺　悟	兵	11月12日

＊1947と誤記

日に大岡が亡くなったことも報告した（享年九八歳）。

(2) クイブィシェフカとミハイロ・チェスノコフスカヤ

クイブィシェフカは、先述のようにブラゴヴェシチェンスク行き支線の始点である。ここには、第五一〇労働大隊（通常の捕虜収容所が内務省管轄であるのに対し、国防省、ここではザバイカル・アムール軍管区が管轄）（一九四七年三月一日現在六九七人）と第八八八特別病院（収容所の診療室では扱えない重症患者を収容）（一九四六年六月一日現在六六七人）があった。[23]宮崎久（新京経理学校出身）はノヴォ・アレクサンドロフカ村の第一三分所で肋膜炎にかかり、おそらく成冨と同じ右病院で治療を受け、一カ月後には元気になって入退院患者の世話に当たった。

宮崎はクイブィシェフカの収容所、つまり右記第五一〇労働大隊の主計将校（見習士官）に転属した。収容所の人員は一〇〇〇人くらい（その後減少）、朝鮮籍の捕虜も二〇〇人ほどいて、独立の朝鮮人中隊を構成していた。作業では接触がなかったが、食事は一緒だったという。日本軍の朝鮮人将兵は、満洲で捕縛時に名乗り出れば釈放されたが、日本名で残ったものについては労働大隊の運営上まとめた方が管理しやすいので、独自の中隊を編成したものと推測される。主計将校の職務柄知り得たことに相違ない。

労働は道路掃除、貨車からの石炭おろし、パン工場の雑役、煉瓦づくりなどで、比較的楽だった。一九四六年早々『日本新聞』が配られ、階級章廃止運動が起きた。まもなく階級章は廃止され、将校の当番兵も廃止された。ソ連側は将校食と将校室での起居は従来通り続けさせた。復員は一九四七年一月、つまり日本人送還に関する米ソ協定締結直後で、本人は「幸運中の幸運」だと記している。[24]

スヴァボドヌィ市郊外のミハイロ・チェスノコフスカヤ村には、第九分所があった（図5）。『捕虜体験記』には同じ孫呉の部隊の堤憲藏と遊佐陸男が書き、別部隊の小野寺林が「ミハイロ絵日記」を書いている。[25] 堤と遊佐はブラゴヴェシチェンスクから列車でシマノフカまで行き、一週間ほどコルホーズで馬鈴薯掘りをしてから、再び乗車してミハイロ・チェスノコフスカヤ駅で下車した。収容所は、元は囚人収容所で、つい先ごろまではドイツ人捕虜が収容されていた。労働は、ゼーヤ河河畔に位置した製材工場で、線路の枕木を作る仕事だった。時に穀物倉庫での運搬作業があり、穀物をくすねては食した。

堤は一九四六年七月のある日熱湯を被って火傷し、クイブィシェフカの第八八八病院に入院した。食事は白パンにスープというご馳走で、やがて元気になり、ロシア語を学び、民主グループに入って政治教育をうけた。「新生劇団」に入り、稽古を重ねて患者慰問演芸会をやったが、そこには病院職員のロシア人も来て喜ばれた。病院生活一年四カ月ののち製材工場に戻った。遊佐の方は同じ製材工場で働き、製粉工場にも行って穀物をくすねる点は同じだった。こちらはアメーバー赤痢にかかって収容所の医務室に入室した。二人とも一九四八年五月にダモイ＝帰国を告げられ、故国に向けて出発した。

スヴァボドヌィ市の博物館では、第九分所の死者名簿（一三六人）の写真を撮り、帰国後にゴルバチョフ名簿、村山名簿と照合した。オリジナルは死者がほぼ死亡年月日順に配列されているため、厳寒の一二月から二月までに一一九人（八七・五％）が集中していることが判明した。[26]

スヴァボドヌィ駅より北のシマノフカ（第二分所）、ペトルシー（第五二三労働大隊）、ムヒノ（第一

図5　ミハイロ・チェスノコフスカヤ第9分所　正門（出典：『捕虜体験記』Ⅵ，1988年）

二分所）は今回訪ねてはいないが、そのいずれかと思われる分所または労働大隊収容所での労働と生活を、田村助次という民間人（満洲嫩江県職員）が『捕虜体験記』に書いている。[27]

極寒期の埋葬、棺桶づくりと死体の納棺の話が痛々しい。もう一つは夏の草刈り作業の引率者マーリンケ（「小さい人」の綽名とあるのでマーレンキー）少尉につき、「独ソ戦のときドイツ軍の捕虜となって、長い間私たちと同じ運命下に身をさらしていた経験がある、と自分で言っていた。だから、私たちにたいしても陰に陽に味方となり、ありがたい存在だった」と記している。捕虜になった者は敵と通じていたと疑われ、帰国しても僻地の日本人捕虜収容所の仕事に左遷されたのである。このような観察と叙述は『捕虜体験記』に頻繁に見られる。[28]

最後に、さらに西北のシワキ（第八分所）に収容された猪熊得郎のことを紹介する。猪熊は少年無線兵として公主嶺で終戦を迎え、捕獲・移送されてブラゴヴェシチェンスクに着いたその日が一七歳の誕生日だった。そこから移送された先がシワキで、森林伐採、製材、材木の運搬に主として従事した。分所には捕虜が一〇〇〇人いたが、その六分の一が飢え、寒さ、重労働、病気で亡くなった。

飢えは捕虜の人間性を損ねた。寝床で隣の者が下痢をすれば、もっと続けばよいと願った。その食糧を自分が食べられるからである。死者の遺体は身ぐるみ剝がして埋めた。衣類をパンに代えるためだった。入院患者が危篤だと知ると、周りの者が早々と「形見分け」した。品物をパンに代えるためで、危篤から脱した者が帰ってきても持ち物は戻らなかった。猪熊はこれを「餓鬼道に落ちた」と仏教的に評したが、他の回想記でも同じ表現が散見される。

飢え、寒さ、重労働の「三重苦」、そして醜い食物奪い合いに、もう一つ加わった。捕虜同士の争いである。収容初期は、軍隊の階級制度が残されたため、将校・下士官が兵卒をこき使い、自分は働かずに食事は最初に「いいとこ取り」し、時には暴力を振るった。やがて、階級章剝ぎ取りから始まる反軍闘争が収容所当局の後押しを受けて進展すると、兵卒出身のアクチヴ（活動家）が将校・下士官を集会で批判し、時には「吊し上げ」にまで及んだ。猪熊は押されて青年行動隊長になったため、「民主運動」に反感を抱く者から嫌がらせを受けた。三度ほど殺されそうな目にも遭った。(29)「民主運動」は回想記の大きなテーマである。

以上のように、アムール州の日本人捕虜は他の共和国・地方・州の収容所の捕虜と同じような体験をした。やや異なる点があるとすれば、極東有数の農業・酪農地帯だったため、農業（コルホーズ、ソフホーズ）に従事する者が多く、住民との接触・交流も多く、食事の面で恵まれていた点であろう。

註

（1）「共同通信」二〇一八年六月二五日～七月五日配信（日向一宇記者《ひなたかずたか》）。

（2）原暉之『シベリア出兵――革命と干渉一九一七―一九二二』筑摩書房、一九八八年、四六四―五〇四頁。

（3）同「アムール州イヴァノフカ村の『過激派大討伐』（一九一九年）」、田中利幸編『戦争犯罪の構造――日本軍はなぜ民間人を殺したのか』大月書店、二〇〇七年、六九―一〇八頁。その少し前にロシアで刊行されたロシア極東史の概説におけるイワノフカ村民虐殺の叙述は一頁ほどであり、殺害された村民は二五七人となっている。B. I. Mukhachev (otvet. red.). Istoriia Dal'nego Vostoka Rossii. Kn. 1. Dal'nii Vostok Rossii v period revoliutsii 1917 goda i grazhdanskoi voiny. Viadivostok, 2003, s. 323-324.

（4）From the Communique of the Far-Eastern Telegraph Agency on Burning down the Village Ivanovka by the Japanese. 国立国会図書館憲政資料室 IPS-18, R. 305, 0574-0585. 邦訳も付されているが、筆者訳に従った。

（5）Otchet belogvardeiskogo ofitsera o iaponskoi interventsii i Grazhdanskoi voine na Dal'nem Vostoke. 1919 g. 〈Otechestvennye arkhivy〉, No. 3, 2008, s. 73-82.

（6）粟屋憲太郎・竹内桂編集・解説『対ソ情報戦資料』第一巻「関東軍関係資料」(1)、五六―六三頁。

（7）M. Kuz'mina. Plen. (Iaponskie voennoplennye v Khabarovskom krae). Komsomol'sk-na-Amure, 1996, s. 46.

（8）柳田昌男『アムール河――シベリア捕虜記』ミネルヴァ書房、一九七五年、八二頁。

（9）富田武『戦間期の日ソ関係――一九一七―一九三七』岩波書店、二〇一〇年、二六三―二七九頁。

（10）同右、三一六―三二二頁。

（11）中嶋毅「満洲国白系露人事務局第三課長マトコフスキイ」、『セーヴェル』第二七号、二〇一一年三月、二一―三〇頁。E. E. Aulilene, M. V. Krotova. Rossiiskaia emigratsiia v Manchurii perioda Vtoroi mirovoi voiny. 〈Voenno-istoricheskii zhurnal〉, No. 4, 2015, s. 52-57.

(12) 今堀元貞『帰雁』私家版（戦友会報、ガリ版刷り）、一九五三年。今堀は陸軍士官学校第二六期生で、同期には関東軍情報部長となった柳田元三、秋草俊がいる。北朝鮮会寧に駐屯する第七九師団第二九〇歩兵連隊長だったが、ソ連軍に拘束されたのはやや東北の図們だった。

(13) Spravka nachal'nika UPVI UMVD po Khabarovskomu kraiu o chislennosti voennoplennykh v lageriakh MVD i spetsgospitaliakh, dislotsiruiushchikhsia na territorii Khabarovskogo kraia, po sostoianiiu na 1 iiunia 1946 g. Iaponskie voennoplennye v SSSR, 1945-1956. Moskva, 2013, s. 79.

(14) 寒冷地からの北朝鮮への「逆送」は二万七〇〇〇人が予定され、うちアムール州は八五九人だった。Rossiiskii gosudarstvennyi voennyi arkhiv, fond 44p, opis' 12, delo 135, list 5.

(15) Itogovyi doklad i. o. nachal'nika UPVI UMVD po Khabarovskomu kraiu podpolkovnika Akkermana o deiatel'nosti Blagoveshchenskogo lageria No. 20 za period s sentiabria 1945 po mai 1948 g. ot 6 dekabria 1949 g. Regional'nye struktury GUPVI NKVD-MVD SSSR, 1941-1951, s. 990-999.

(16) E. N. Cherunolutskaia. Prinuditel'nye migratsii na Sovetskom Dal'nem Vostoke v 1920-1950-e gg. Vladivostok, Dal'nauka, 2011, s. 376; 408-409.

(17) 高橋大造「ブラゴエシチェンスク周辺について（概況）」、ソ連における日本人捕虜の生活体験を記録する会編『捕虜体験記』Ⅵ（一九八八年）、八九頁。

(18) 夏梅誠一『「棄民」のあしあと』かもがわ出版、二〇一五年。

(19) 富田武『シベリア抑留――スターリン独裁下、「収容所群島」の実像』中公新書、二〇一六年、一〇二―一〇四頁。

(20) 池辺貞喜『シベリア抑留断片』私家版。

(21) Iapontsy na territorii nashego sela v gody voiny. Razdol'noe, 2005.

(22) 『緑園会報』第四号、一九九六年八月、一九―二〇頁。

（23）Iaponskie voennoplennye v SSSR, 1945-1956. Moskva, 2013, s. 94; 79.

（24）宮崎久「私の抑留記抄」、『捕虜体験記』Ⅵ、一三三―一三五頁。

（25）堤憲藏「シベリア抑留の記」、遊佐陸男「ミハイロに生き抜く」、小野寺林「ミハイロ絵日記」、『捕虜体験記』Ⅵ、九二―一二七頁。

（26）死者数はアムール州の中では際立って多い。死亡年月日はゴルバチョフ名簿（邦訳『月刊Asahi』一九九一年七月）と村山名簿による。オリジナルとゴルバチョフ名簿は、総数一三六人は一致するが、個々の人名については後者に誤りが少なくない。なお、朝鮮人の死者は八人である。

（27）田村助次「私の抑留生活記」『捕虜体験記』Ⅵ、一二七―一三二頁。

（28）富田『シベリア抑留』、一五一―一五三、一六五―一六七頁。

（29）猪熊得郎「パンのために餓鬼道に堕ちる」、富田武・岩田悟編著『語り継ぐシベリア抑留――体験者から子と孫の世代へ』群像社、二〇一六年、三二一―三四頁。

第一章　ソ連で銃殺刑判決を受けた日本人　一九四五―四七年

はじめに

筆者は二〇一七年九月、ロシア国立社会政治史公文書館で次の文書を発見し、相当の量だったので翌一八年三月にも訪れ、パソコンに入力した。全連邦共産党（ボリシェヴィキ）中央委員会政治局会議議事録「特別ファイル」中の「最高裁案件小委員会」議事録（政治局への報告）である。

言うまでもなく、旧ソ連における最高決定機関は共産党政治局であるが（構成員は局員と同候補、時期によって異なるが一〇人前後）、その補佐機関として各種の小委員会が設置された。右小委員会は三～五人からなり、最高裁が自ら決め、あるいは上訴された死刑判決を検討して、政治局が裁可するための補佐機関であった。「特別ファイル」というのは党内にも公開されない機密文書群で、それが公開されたのはソ連国家及び共産党が崩壊した一九九一年末より六年ほど後のことであった。

筆者が二回にわたって閲覧したのは「小委員会議事録」の一九四五年八月から四七年五月までの部分である。[1] 日ソ戦争開始の四五年八月九日から、死刑廃止の四七年五月一八日までになる。初期は五月九日に終了した独ソ戦争のドイツ人捕虜、対独協力ソ連人、独ソ両国に挟まれたポーランド、バルト三国などの反ソ的な人物が銃殺刑判決の主たる対象であり、日本軍のソ連軍に対する組織的抵抗が収まる八月末から日本人が現れ、少しずつ増えるが、ほぼ一週間に一回開催される小委員会ごとの報告なので、日本人のまとまったリストが存在するわけではない。大多数のヨーロッパ人、少数ながら含まれた中国人や朝鮮人の中から日本人を慎重に選り分ける作業だった。

さて、なぜ今頃になって「ソ連軍事法廷で銃殺刑判決を受けた日本人」が判明したのか。それは何よりもソ連が抑留開始以来、死者の数や氏名を伝えず（ジュネーヴ条約違反）、外交権を失った日本政府はそれを知らせるよう強く要求してこなかったからであり、抑留帰還者から銃殺刑の噂は聞いても確認できないため「抑留中戦没死」と遺族には伝えてきたからである。せめて日ソ国交回復交渉過程で追及すべきだったが、それもしてこなかった。

抑留者団体の中では、長期抑留者の朔北会が刊行した『続・朔北の道草』（一九八五年）で秋山和平が触れ、同会機関紙（一九九二年九月一日）で馬場嘉光が書き、また『産経新聞』（二〇〇〇年七月一七日）がロシア人研究者キリチェンコの情報を伝えたに過ぎない。後二者は『戦後強制抑留史』第四巻（二〇〇五年）に再録されたが、それによれば銃殺された者（氏名はほとんど判明）は重複を除くと二三人だった。(2) 研究者も、こうした情報は連邦保安庁や連邦検察庁、最高裁判所に秘匿されたままでアクセス不可能と判断して、断念していたのである。

今回の発見は、いわば搦め手からの、当人もロシアの研究者も驚いたような発見である。しかし考えてみれば、ソ連＝共産党国家は、党中央の指令がすべて文書に記され、これに基づいて下部機関が動く官僚制国家だから、政治局付属の小委員会議事録が残されることは何ら不思議ではなく、ドイツや日本のように敗戦ゆえに機密文書が焼却されることもなかったから驚くに値しない。こうして今回、筆者は従来知られていた数を大きく上回る一一四人の銃殺刑判決被宣告者を見いだすことができたのである（表4）[3]。

第一節　ソ連抑留の「戦犯」と裁判

1　「戦犯」と根拠法

まずソ連軍に拘束された軍人・軍属（捕虜）と非軍人（満洲国政府の官吏・警察官、国策会社＝満鉄社員、統治協力団体＝協和会メンバーなど抑留者）の人数は、南樺太、北朝鮮、旅順・大連に残留させられた居留民＝抑留者を除けば約六一万人である。このうち満洲現地で釈放された約三万七〇〇〇人、満洲の野戦収容所で死亡した約一万六〇〇〇人、ソ連本土から満洲への一九四五年中の「逆送」約一万六〇〇〇人、北朝鮮（関東軍に所属）とソ連本土の四六年の「捕虜交換」による減少分約二万三〇〇〇人を除き、南樺太・千島の日本軍（第五方面軍）捕虜約五万二〇〇〇人を加えると、約五七万人がソ連本土に抑留された計算になる。その中で約四万六〇〇〇人が死亡した（満洲死亡者を加え約六万）[4]。

その日本人捕虜・抑留者は、一九五〇年四月二二日のタス通信により送還が基本的に完了したと発表された。戦犯容疑で有罪判決を受けたか、取調べ中の一四八七人は送還されず、中国人民に対する戦犯容疑の九七一人は中国政府に引き渡されることになった（病人九人は治療完了後に送還される）。前年一二月のハバロフスク裁判で、山田乙三元関東軍総司令官ら一二人が細菌兵器の開発及び人体実験の廉で、戦犯として自由剥奪（矯正労働）二五年の判決を受けたことと併せ、抑留問題で「戦犯」がクローズ・アップされるようになったのである。

この「戦争犯罪」はニュルンベルク及び極東国際軍事裁判までは、ハーグ陸戦法規（一九〇七年）、化学・生物兵器禁止議定書（一九二七年）、捕虜に関するジュネーヴ条約（一九二九年）のように、戦争を前提として非人道的兵器の使用や捕虜に対する人道的待遇を定め、これに対する違反が「戦争犯罪」と理解されていた。ところが、ニュルンベルク国際軍事裁判では、ナチ・ドイツによるホロコーストを始めとする極悪非道な行動を裁く新たな基準として「平和に対する罪」（侵略戦争の計画・準備・実行）と「人道に関する罪」（殺人、殲滅、奴隷化、強制移送その他の非人道的行為、政治的・人種的・宗教的理由に基づく迫害）が導入された。

これに先立って、ナチ・ドイツによる大規模な破壊と殺戮を経験したソ連は、一九四三年四月一九日最高会議（ソヴィエト）幹部会令により、残虐行為を行ったドイツ国防軍将兵、親衛隊員、対独協力ソ連人を絞首刑にすることを定めた（絞首刑は見せしめのためと思われる）。[5] この「四三年令」は後に、日本軍「戦犯」の一部にも、ハバロフスク裁判被告にも適用された。[6]

ソ連に抑留された日本人が「戦犯」とされた軍人に民間人も加えて、いかなる法的根拠に基づいて有罪とされたかを示す（表3）。一九五五年一月末現在の受刑者は軍人一〇三〇人、民間人三九三人、合計一四二三人であるが、いずれもロシア共和国刑法第五八条違反が多数を占める。[7] 軍人の場合第六項（スパイ活動）、第九項（破壊活動）、第四項（国際ブルジョアジー援助）の順に多い。民間人の場合は第六項、第四項、第八項（要人テロ行為）の順である。国内の政治犯に適用すべき刑法第五八条を外国

表３　有罪判決を受けて勾留中の日本人捕虜・民間人（1955年１月28日現在）*

自由剥奪年数別	将軍	将校	下士兵卒	合計	民間人	
５年超10年以下	1	8	46	55	167	
10年超15年以下	1	25	69	95	88	
15年超20年以下	2	69	144	215	38	
20年超25年以下	25	239	401	665	100	
合計	29	341	660	1030	393	
法令の適用条項別						
最高会議幹部会令（43. 04. 19）	5	7	18	30	24	民間人は47年４月６日令
刑法58条２項（武装反乱）			1	1		
同58条３項（対ソ干渉国家援助）			1	1		
同・同４項（国際ブルジョア援助）	2	15	44	61	52	
同・同６項（スパイ活動）	13	239	530	782	223	
同・同７項（経済活動妨害）			1	1		
同・同８項（要人テロ行為）		3	11	14	33	
同・同９項（破壊活動）	9	75	49	133	23	
同・同10項（政権転覆宣伝扇動）		2	2	4		
同59条３項（交通通信妨害参加）			1	1		
同81条			1	1		
同136条（殺人）			1	1		
合計	29	341	660	1030	393	

＊1953年12月開始の第２次送還で帰国した者もいるので，合計1500人ほどと見られる。うち名誉回復された者は「メモリアル名簿」によれば1128人。
ここで注意すべきは**銃殺刑判決を受けた者が除外されていること**。
（出典：AVP RF, fond 1046, opis' 56, papka 344, poriadok 7, list 207-209.）

人に適用したため、第四項のように、資本主義諸国の人間がそれだけで犯罪となるような奇妙なことになってしまう。日本軍はドイツ軍のようにソ連に侵攻して破壊と殺戮の限りを尽くしたわけではないので、「四三年令」の適用は少ない。

なお、自由剥奪（矯正労働）の期間は、軍人の場合は「二〇年超二五年以下」が六割を越し、民間人の場合はさすがに「五年超一〇年以下」が最大多数を占めている。「二〇年超二五年以下」が多いのは、四七年五月から五〇年一月まで死刑が廃止されていたから、最長期間が多くなったと見てよい[8]。

先に一九四九年頃から「戦犯」がクローズ・アップされたと述べたが、それは米ソ冷戦の亢進によるだけではなく、四八年からの送還者の増加に伴って開始された「反動分子」摘発（彼らは送還しない、送還を遅らせる）と軌を一にしたものである。後述する元満鉄職員佐藤健雄も山本幡男も敗戦直後には拘束されて収容所にいたが、前者は一九四九年一月二九日、後者は同二月二八日に逮捕された[9]。一見奇妙な感がするが、捕虜・抑留者の拘束と訴追のための逮捕とは別物なのである。同年八月三日には「反ソ犯罪行為を暴かれた日本人捕虜を逮捕し、裁判にかけることに関する」内務次官、法務次官、ソ連軍次席検事の指示が出されたが、収容所で進行していた「戦犯狩り」にお墨付きを与えたものと言える[10]。

ここで注意しておきたいのは、ソ連における有罪者や死刑者が連合国と比べて、とくに多いわけではない点である。田中宏巳によれば、各国による日本人BC級戦犯裁判の結果は、米国が起訴一四五三人、死刑一四〇人、英国が各九七八人、二二三人、オーストラリア各九四九人、一五三人、オランダ各一〇三八人、二二六人等々であった[11]。

2 裁判の実態

ソ連における裁判は民主＝法治国家のそれとはかなり異なる。司法機関は形式上最高国家機関である最高会議（ソヴィエト）に従属しているが、最高会議自体が共産党中央委員会、実際は常設機関の政治局の意志通りに動いたからである。つまり「司法の独立」は存在せず、また法治国家なら当然の人権擁護の原則、罪刑法定主義、被告人の権利、物証による有罪確定なども規定されず、国家保安機関が検察機関、裁判所の審理を事実上左右し、保安機関が取調べのうえ起訴と決めたら、審理は形式的なものに過ぎず、判決は有罪と決まったようなものだったからである。

日本人抑留者で「戦犯」に仕立てられて受刑者となったものの、無事に帰還した者からの調書「ソ連における邦人の受刑状況」という外務省の文書がある。一九五〇年四月二三日ソ連（ナホトカ）から舞鶴に到着した信濃丸による帰還者の中の受刑者三百七十余人に対する聴き取り調査の結果をまとめたものである。

それによれば、裁判（証言では最下級の人民裁判所での審理）は三人の判事（裁判長、陪席判事二名、裁判長は法務少佐ないし大尉）により、以下の順序で進められた。①起立、②開廷宣言、③宣誓、④裁判長等の紹介、⑤裁判に対する異議の有無を被告に確かめる、⑥論告、⑦陪審による被告への質問、⑧判事、人民陪審員の協議、⑨判決、⑩異議の申し立て、⑪署名、⑫閉廷である。審理時間は、通訳を含めてほとんど一時間以内であり、中には数分のケースもあったという。通訳、弁護人、証人に関する九九件の回答のうち、弁護人・証人ともに不在だったケースが七三件もあったという。判事が喫煙し、居眠りをするなど真剣味を欠いていたことも指摘されている。

聴き取り調査の対象者は、比較的早期に送還されたことから判決は重くなかったと見られ、事実、ロシア共和国刑法第五八条第六項、つまりスパイ罪はいなかった。それでも第四項＝国際ブルジョアジー援助（七三件中三八件）等の罪状で、刑期別では五八条関係受刑者一五九人中、自由剝奪一五年三五人、二〇年三一人、二五年四七人であった[12]。

判決の一例を別の資料から挙げる。これは辺見じゅん『収容所（ラーゲリ）から来た遺書』（文藝春秋、一九八九年）で有名になった主人公山本幡男が満鉄職員佐藤健雄、ヒロセ・サトシ（漢字不明）とともに受けた内務省極東管区軍事法廷の判決（一九四九年三月二八日）、上訴審である最高裁判所軍事法廷の判決（同年五月一八日）である。正確を期するため厚生労働省訳ではなく、幡男の長男顕一氏からコピーさせていただいた個人資料付録の露文を筆者が訳出する[13]。

【第一審判決】（一九四九年三月二八日、ハバロフスク市）

内務省極東管区軍事法廷は以下の構成員からなる。

裁判長：法務少佐パピタシヴィリ、判事：上級中尉ダヴィジェンコ、中尉ブツコーフ、陪席書記：上級中尉マカレンコフ、日本語通訳：オゴロドニコフ

本件は審理を非公開とし、次の日本国民を被告とする。

(1)抑留者サトウ・タケオ、一八九九年生まれ、福島県耶麻郡木幡村出身、日本人、勤労者家庭、所属政党なし、高等教育修了、〔東京〕外国語学校露語科卒業、既婚、前科なし。

(2)捕虜ヤマモト・ハタオ、[14]一九〇八年生まれ、島根県知夫郡黒木村出身、日本人、勤労者家庭、所属政党なし、高等教育修了、〔東京〕外国語学校露語科卒業、既婚、前科なし。

(3)抑留者ヒロセ・サトシ、一九一二年生まれ、愛媛県今治市出身、日本人、商家、中等教育修了、所属政党なし、既婚、前科なし。

以下のように認定した。

被告サトウ、ヤマモト、ヒロセは時期こそ異なれ、南満洲鉄道に勤務した。満鉄職員は鉄道操業と満洲の天然資源開発の他に、ソ連及びモンゴル人民共和国の経済・政治情勢に関する情報収集に従事した。情報収集は、ロシア語及び外国語文献の検討、ソ連出版物に公表された各種データの総括、ソ連ラジオ放送の聴取、関東軍司令部及び外務省からのデータの取得、外交官に偽装したスパイのソ連領内への送り込みによってなされた。

ソ連及び外モンゴルに関する収集情報はすべて、関東軍司令部に引き渡された。

満鉄は特別調査・外国部、ロシア課、北方課などの部課を持っていた。

被告サトウは一九二二年から一九四五年まで満鉄職員であり、近年は調査・外国部でロシア語通訳、ロシア班長、総括係長、北方課長を務めた。

サトウは一九二二年から一九二九年まで、ロシア語・外国語文献の検討によりソ連・外モンゴル情報を収集し、各種のソ連・外モンゴル情報集を作成した。ソ連・外モンゴルの経済・政治情勢、ソ連極東や中央アジア諸共和国の地形、天然資源とその開発状態、鉄道・道路・水路交通の所在を明らかにしたものである。

サトウは一九三一年から一九三三年まで、ソ連極東の経済に関する情報をソ連文献の検討、当該情報集の作成を通じて収集する業務に従事した。

サトウは一九三三年夏には、関東軍司令部の指示によりソ連との国境地帯のかなりの部分を写真に収め、そのためにアムール河、ウスリー江を航行した。

サトウは一九三五年から二年間、フィンランドに出張した。ソ連に関するデータを詳細に検討し、フィンランド領内にソ連情報収集のための支部を設立する目的であった。支部設立は、佐藤個人とは別の事情のために成功しなかった。

サトウは一九三八年、ソヴィエト法制の研究に従事した。

サトウは一九四〇年、ソ連極東各地区に関する詳細な資料集の作成に参加した。

サトウは一九四一年、ソ連極東の経済の専門家として、東京に出張し、「関特演」（対ソ戦を想定した関東軍特種演習）計画策定の委員会に参加した。計画策定のための全業務は、関東軍司令部の指導のもとに行われた。計画によれば、ソ連極東部は占領されることになっていた。サトウの計画策定への参加は、ソ連極東の天然資源開発の概略図を個人として作成した点に示されている。

サトウは一九三七―四四年、外交官に偽装してソ連領内に滞在する日本人スパイと連絡を維持し、ソ連の経済情勢に関する情報を一度ならず受領した。

被告ヤマモトは一九三六―四四年、満鉄調査部北方課職員として、ロシア語通訳、産業係長代理、経済係長の職務を遂行した。

ヤマモトは三九年まで、ソ連各地区の経済情勢に関する報告書の作成に従事した。ロシア語及び外国語文献の検討、ソ連の新聞の検討に基づいて作成された。

ヤマモトは一九三九―四一年、政治課に勤務し、ソ連の人口構成と民族政策を研究した。この問題では特別な小冊子を執筆した。

ヤマモトは一九四一―四四年、関東軍司令部の委任を受けて、ソ連の軍需、冶金、石炭、石油等の産業諸部門、農業部門等の情報収集に従事した。これら情報収集のために、ソ連の出版物に公表された個々のデータ、関東軍課報部から入手した資料を利用した。

ヤマモトは一九四四年兵役に召集され、一二月から四五年八月までハルビン特務機関職員となり、ソ連の新聞・雑誌の論文の翻訳に従事した。

ヒロセは一九三四―四一年、満鉄調査部ロシア課職員であった。その職務は、ソ連に関する全資料、データの事務処理、分類、保存であった。このほか個人的には、ソ連政府要人のカードを作成した。ソ連政府に関する全データが含まれていた。

以上に基づき軍事法廷は、サトウ、ヤマモト、ヒロセが、ロシア共和国刑法第五八条第六項に規定された犯罪〔スパイ罪〕をなしたものと認定した。

以下のように判決した。

サトウ・タケオは、ロシア共和国刑法第五八条第六項に基づき、矯正労働収容所[15]に置いて二五年間自由を剝奪する。財産を持たないので没収はしない。

ヤマモト・ハタオは、ロシア共和国刑法第五八条第六項に基づき、矯正労働収容所に置いて二〇年間自由を剝奪する。財産を持たないので没収はしない。

ヒロセ・サトシは、ロシア共和国刑法第五八条第六項に基づき、矯正労働収容所に置いて一二年間自由を剝奪する。財産を持たないので没収はしない。

刑期は、サトウは一九四九年一月二九日より、ヤマモト、ヒロセは一九四九年二月二八日より起算する。

判決に不服である場合、判決の写しを受け取って七二時間以内に、当該法廷経由でソ連最高裁判所軍事法廷に上訴することができる。

下記署名により原本とする

本件裁判長　法務少佐パピタシヴィリ

【上訴審判決】（一九四九年五月一八日、場所記載なし）[16]

ソ連最高裁判所軍事法廷は、以下の構成員からなる。

裁判長：法務少将チェルトコーフ　判事：法務大佐ザイーヂン、同コヴァレンコ

同法廷は一九四九年五月一八日、サトウ、ヤマモトによる内務省極東管区軍事法廷の三月二八日付判決に対する上訴を検討した（原判決内容は割愛）。

併せて同志コヴァレンコの報告、軍検事総長補佐の法務大佐サヴォによる判決有効の判断を聴取した。

以下のように認定した。

サトウ、ヤマモトがソ連とモンゴルに対するスパイ諜報活動をした罪状は、法廷が認めた。ソ連の経済・政治情勢に関する種々の情報を収集し、それを概括して関東軍司令部に引き渡した。これら情報入手

のために、ロシア語及び外国語文献・出版物を利用し、ソ連のラジオ放送を聴取し、外交官に偽装してソ連に散在したスパイの情報を利用した。

サトウは一九三三年夏に、ソ連国境地帯のかなりの地域の写真撮影に個人として従事した。そのために特別にアムール河、ウスリー江を汽船で航行した。一九三七—四四年、外交官に偽装してソ連に滞在するスパイとの連絡を維持し、ソ連経済情勢に関する情報を一度ならず入手した。

ヤマモトは、ソ連の軍需、冶金、石炭、石油等の産業諸部門、農業部門等のスパイ情報の収集と編集に従事した。これらの問題につき特別な小冊子も執筆した。

サトウ、ヤマモトが対ソスパイ課報活動で有罪であることは、予審と裁判の調べで出された資料により立証された。被告両名は上訴審で減刑を嘆願している。

最高裁軍事法廷は、判決軽減の根拠を認めず、ロシア共和国刑事訴訟法第四三八条に従って以下のように判決した。

サトウ、ヤマモトの判決は有効であり、彼らの上訴は受容されない。

下記署名により原本とする

ソ連最高裁軍事法廷第二部当直将校　上級中尉イヂューヒン

本文書は正確である。

なお、こうした裁判は例外的で、多くは先に記した通りいい加減だった。本件では被告がソ連事情に通じ、ロシア語も堪能だったため、一応体裁は整え、上訴も認めている。しかし、上訴審の罪状が第一審のそれを短縮したに過ぎないように、「結論ありき」に変わりはなかった。

第二節　銃殺刑判決の罪状と法的根拠

今回資料の一一四人の「罪状」は、大別すると以下のようになる。第一は対ソ諜報（スパイ）活動で、諜報機関としての特務機関、防諜機関としての憲兵隊の、通訳を含む関係者、これに協力する警察官が起訴され、銃殺刑判決を受けた[17]。日ソ戦争以前の諜報活動がかなり遡って罪状とされ、個々の具体的な行為（機密情報の入手等）ではなく、こうした職務に就いているだけで法的責任を問われたのである。主として刑法第五八条第六項が適用された。三五人がこれに該当する。

第二は、ソ連軍が満洲、南樺太、北朝鮮等に侵攻したとき、これに対する武装抵抗、後方攪乱・破壊活動を企て、実行に及んだ件である。刑法第五八条第八項（ソ連要人に対するテロ行為）、第九項（破壊活動）、第一一項（テロ、破壊活動の予備行為）などが適用され、大量殺害に対しては先述の「四三年令」が適用された。集団行動の形をとるので、五一人と最も多い。

第三は、捕虜が収容所から脱走する際に警備兵、脱走後に地域住民を殺傷し、結局は捕縛された件で、刑法第五九条第三項（匪賊行為、武器弾薬の略取、交通機関の破壊等）などが適用された。二四人がこれに該当する。

以下に、この三種の罪状にかかわる各四～五例を挙げて説明する（ウスアミカケの部分）。このほか右の分類に収まりにくいケースや通常の刑事犯（表4　2の列車衝突事故、38、39の強盗殺人、46の酒類

表4　ソ連で銃殺判決を受けた日本人（判決日順。氏名は他の資料で判明している者に限り漢字も表記）

	氏名	生年	出身	前職・罪状など	判決日	執行日
1	コモリ・タキ(ケ)オ*	1918	日本	警察職員，吉林で決死隊組織	45.10.16	46.01.22
2	サイ(エ)キ・ケンジ	1906	広島	鉄道機関士，列車衝突事故	45.10.19	不明
3	ウラカワ・テツオ	1897	長崎	憲兵隊通訳，日ソ戦以前の市民殺害	45.11.09	不明
4	アマノ・イサム(天野勇)	1900	日本	特務機関，反ソ武装団（ハイラル）	45.11.12	不明
5	カゲヤマ・ハセキ	1894	同上	省警察署長，同上，ソ参戦時に囚人殺害	同上	不明
6	ゴキタ・ミツギ(グ)	1916	同上	特務機関憲兵	同上	不明
7	カワベ・ヒサト	1918	同上	同上	同上	46.02.15
8	オザワ・セイシロウ	1909	同上	警察官	同上	不明
9	イシダ・キイチ	1919	同上	特務機関憲兵	同上	不明
10	フクダ・サダアキ	1920	同上	同上	同上	不明
11	イトウ・ツネオ	1923	同上	同上	同上	46.02.15
12	ウエジ・モリオ	1923	同上	同上	同上	不明
13	ヤマシタ・カイイチ	1923	同上	同上	同上	不明
14	オグマ・マゴイチ	1922	同上	同上	同上	46.02.15
15	シノザキ・イワオ	1898	千葉	警察国境警備部長，琿春で対ソ諜報・防諜	45.12.01	46.02.05
16	ナンゴウ・ケンイチ	1926	日本	反ソ武装団（奉天），ソ軍襲撃・将兵殺傷	45.12.12	不明
17	シモザワ・トシアキ	1928	同上	同上	同上	不明
18	ナカヤマ・ケンジ	1924	同上	同上	同上	不明
19	マツオ・イサム	1925	同上	同上	同上	不明
20	キア(ザ)キ・シゲル	1928	同上	同上	同上	不明
21	ナカムラ・ススム	1926	同上	同上	同上	不明
22	ホシ・ショウイチ	1924	同上	同上	同上	不明
23	セキカワ・タカヤ	1927	同上	同上	同上	46.02.28
24	ムロゾノ・ショウゾウ	1920	同上	同上	同上	不明
25	エザキ・コウザブロウ	1917	同上	同上	同上	不明
26	ヒロタ・シンジ	1926	同上	同上	同上	不明
27	イナガキ・ショウキチ	1911	日本	脱走捕虜（大泊）	45.12.27	不明
28	キムラ・コウイチ(木村功一)*	1926	熊本	特務機関，対ソ蒙諜報，ソ連スパイ銃殺	45.12.29	46.04.22
29	ハラダ・サブロウ(原田三郎)*	1922	日本	反ソ武装団（奉天），ソ軍・警察襲撃企図	46.01.14	46.04.30
30	アベ・ススム	1907	同上	商人	同上	不明
31	カトウ・ヒデシ*	1927	同上	反ソ武装団（奉天）16-26と同じ，判決は別	46.01.30	46.04.30
32	キタハラ・カネキチ*	1913	同上	同上	同上	同上

33	カバヤマ・ショウジ	1926	同上	同上，但し単独犯	46.02.07	不明
34	ナカノ・トミオ	1923	長崎	同上	46.02.25	不明
35	テヅカ・トシオ	1905	同上	新義州警察局，43年タス特派員獄死さす	46.02.27	不明
36	クワヤマ・シゲヨシ	1895	日本	商人，特務エージェント，後方攪乱	46.04.01	不明
37	ヨシダ・カズノブ*	1910	同上	同上	同上	46.07.30
38	タカヤマ・コウシュウ	1917	朝鮮人	南樺太で強盗・殺人	46.04.03	不明
39	イマイ・タダシ	1926	大泊	大泊で強盗・殺人	同上	不明
40	シブヤ・ウキチ	1926	天塩	脱走捕虜（大泊）	46.04.13	46.09.11
41	タカハシ・サブロウ(高橋三郎)	1921	北見	脱走捕虜（ハバロフスク）	46.05.06	46.07.26
42	イナヨシ・サトル	1922	福岡	同上	同上	不明
43	セオ・マツマシ(ミツマサ)	1926	岡山	同上	同上	不明
44	イシカワ・ソウイチ	1922	岩手？	同上	同上	不明
45	デグチ・セイイチロウ(出口正一郎)	1893	根室	南樺太の一市長，武器供出命令拒否	46.05.25	不明
46	オオザワ・ヤスハル	1901	日本	大連の商人，酒類の密造・密売	46.05.31	不明
47	ヤマシタ・ツトム(山下務)	1904	伊良湖	ハルビン特務機関，対ソ諜報活動	46.06.30	46.10.16
48	ムラサワ・キヨシ(村沢淳)	1910	金沢	同上	同上	同上
49	ハヤシ・トモジ(林知治)	1916	前橋	同上	同上	同上
50	エジマ・タケシ(江島毅)	1916	串田	同上	同上	同上
51	マキノ・マサタミ(牧野正民)	1897	東京	同上	同上	同上
52	ヤマガタ・モトミ(山形求馬)	1911	東京	同上	同上	同上
53	ヨシダ・トク(吉田德)	1918	茨城	同上	同上	同上
54	イマイズミ・チュウゾウ(今泉忠蔵)	1917	郡山	同上	同上	同上
55	ヤマダ・ヒロユキ	1923	日本	南樺太珍内で対ソ後方攪乱活動	46.07.04	不明
56	ワダ・マサオ	1885	中津	37-40年琿春特務機関勤務，その後も協力者	46.07.09	不明
57	ナカジマ・シゲル(中島茂)*	1906	和歌山	関東都督府警察局，対ソ防諜活動	46.08.24	46.10.28
58	ヤマモト・トモキチ	1919	高岡	脱走捕虜	46.08.24	不明
59	ミサワ・マサミ(三沢政巳)	1917	仙台	同上	同上	46.11.30
60	イワモト・カイチ*	1899	日本	大連特務機関，亡命ロシア人の救出	46.09.10	47.01.04
61	クドウ・イワタロウ	1918	同上	脱走捕虜（ウォロシロフから，国府軍に投降）	46.09.27	不明
62	タナカ・カズエ(田中一栄)	1920	同上	同上	同上	不明
63	ホソカワ・ヒロシ(細川博)	1919	南樺太	親ソ的な朝鮮人の大量(27人) 殺害	46.09.28	不明
64	キョウスケ・ダイスケ(偽名？)	1909	同上	同上	同上	不明
65	クリス・ノボル	1921	同上	同上	同上	不明
66	チバ・マサシ	1903	同上	同上	同上	不明

67	ホソカワ・タケシ	1928	同上	同上	同上	不明
68	チバ・モイチ	1928	同上	同上	同上	不明
69	ナガイ・コタロウ(永井幸太郎)	1917	同上	同上	同上	47.02.06
70	コクボ・ギイチ	1917	埼玉	脱走捕虜（チタ州ブカチャチャから）	46.10.04	不明
71	ナカオ・ワタル(中尾渉)	1901	広島	脱走捕虜（ウスチ・カメノゴルスクから）	46.10.23	47.01.30
72	カワムラ・ユウイチ(川村雄市)	1918	秋田	同上	同上	同上
73	オオニシ・ヒロシ(大西大)	1918	福島	同上	同上	同上
74	キタザワ・ミノル(北澤實)	1911	新潟	同上	同上	同上
75	クロダ・タカヒサ(黒田孝寿)	1901	岡山	同上	同上	46.12 病死
76	ヒロセ・タケオ	1914	茨城	脱走捕虜(ハバロフスク)	46.10.24	不明
77	ハマダ・ハルミ	1915	長崎	同上	同上	不明
78	モンマ・ヒロシ*	1916	伊達	憲兵，39年から対ソ防諜活動	46.10.26	47.02.07
79	ナカニシ・ソウシロウ*	1911	福岡	大連の日本警察，ソ連領事館とシンパ監視	同上	同上
80	タワラ・ケンジ	1920	益田	漁民，大連でスパイ活動	46.10.31	不明
81	ナガイ・タダオ	1916	大阪	関東軍情報将校，大連で反ソ活動	同上	不明
82	タカガキ・ユキオ(高垣幸生)	1918	日本	脱走捕虜(チタ州ダヴェンダ鉱山)	46.11.10	47年獄死
83	オオバ・キヨマツ	1919	同上	同上	同上	不明
84	イトウ・ソウイチ	1922	同上	同上	同上	不明
85	ワタナベ・カメジロウ	1920	同上	同上	同上	不明
86	ミヤコシ・ギサク	1909	同上	同上	同上	不明
87	ミズノ・スエマツ	1922	同上	同上	同上	不明
88	アダチ・ミノル	1923	大阪	諜報機関通訳，主にモンゴル情報収集	46.11.30	不明
89	キクチ・トオル	1912	北海道	南樺太で親ソ的朝鮮人・日本人を殺害	46.12.09	不明
90	トミヤマ・ヒデオ	1917	同上	同上	同上	不明
91	ヤスオカ・ヒデカズ	1922	札幌	平壌諜報部でソ軍への後方攪乱・テロ活動	46.12.19	不明
92	ヤマザキ(ムラカミ)マサシ	1920	島根	同上	同上	不明
93	ツカダ・ショウゴ	1915	新潟	同上	同上	不明
94	スエザキ・トミオ	1926	鹿児島	同上	同上	不明
95	コンドウ・ワキト	1909	香川	ハバロフスクのソ軍と交戦，捕虜を殺害	47.02.05	不明
96	スギウラ・サブロウ	1918	仙台	同上	同上	47.04.03
97	キムラ・キンノスケ	1922	青森	同上	同上	47.02.05
98	ミノヅマ・ジュンジ(蓑妻準二)	1887	萩	海軍ロシア情報担当	47.02.15	45年末獄死
99	カニエ・ハジメ(蟹江元)*	1908	大津	三河特務機関長，スパイ・破壊工作者投入	同上	47.04.09

100	ハラダ・フミオ(原田文雄)*	1899	弘前	関東軍無線通信部長，後に牡丹江特務機関長	同上	同上
101	イチカワ・キンゾウ(市川均十)*	1916	静岡	ハルビン特務機関で白系露人工作	同上	同上
102	アライ・サブロウ(新井三郎)*	1917	埼玉	対ソ無線諜報，43年から綏芬河特務機関長	同上	同上
103	ノハラ・ヒロキ(野原博起)*	1910	旭川	参謀本部第二部，関東軍参謀部第二部勤務	同上	同上
104	クドウ・シンゾウ(工藤新造)	1898	北海道	南樺太で新聞記者中心のスパイ団首魁	47.02.27	25年に減刑
105	オオキ・シゲル(大木繁)	1888	東京	元関東憲兵隊長，チチハル特務機関長	47.03.01	47.04.09
106	サクライ・リョウゾウ(桜井鐐三)*	1896	名古屋	満洲里，ついでハイラル特務機関長	同上	同上
107	コマツ・ミサオ(小松巳三雄)*	1892	東京	牡丹江，大連特務機関長，白系露人を指導	同上	同上
108	オオイシ・シゲオ(大石重雄)*	1901	福岡	満洲国駐ソ諸領事，外交部ハルビン全権代表	同上	同上
109	ウヤマ・ロクロウ(宇山禄郎)*	1912	東京	民間人，関東軍無線通信隊政治部長	47.03.05	同上
110	タナカ・ヨシヒサ(田中義久)*	1904	名古屋	露語教育隊創設者，チチハル特務機関長	同上	同上
111	カサイ・タロウ(河西太郎)*	1903	東京	ジャムス特務機関長，ソ軍の後方攪乱	同上	同上
112	ハトウ(波頭)・ヒロシ*	1915	岩手	憲兵隊支隊長として対ソ防諜活動	同上	同上
113	カトウ・タダクニ*	1908	神戸	ハルビン特務機関，第2航空軍偵察隊長	同上	同上
114	サトウ・サブロウ(佐藤三郎)*	1909	埼玉	満洲国外交部調査部第一課長	同上	同上

註1：氏名は収容所係官が個人登録簿作成の際に聴き取ってロシア語で書き留めたものゆえ，おかしなものが少なくない。漢字氏名の下線は，今回発見以前に知られていた人物（22人）。

註2：生年は戦前は「数え年」で覚えていたため，少なくとも1年の差が生じやすい。

註3：出身の「不明」は本人が答えなかった場合があり，その場合は「日本」と記されている。

註4：判決日の「同上」は共同被告だったことを示している。

註5：執行日は別の資料（『戦後強制抑留史』，メモリアル名誉回復者名簿など）から判明したもの。同一グループ中一人でも執行日が分かれば，他の執行日も同じだと推測される（4-14, 16-26, 29-30, 36-37, 41-44, 58-59, 63-69, 71-75, 95-97）。

註6：96スギウラ・サブロウは『産経』報道ではタツオとなっているが，いずれもメモリアル名簿には見いだせない。また『戦後強制抑留史』に見える譲尾巧(ユズリオ・タクミ，1917年，軍特務機関）は，本リストには含まれていない。

註7：氏名横の＊はメモリアル名簿掲載者24人。但し，同名簿で銃殺されたとされる者で本リストに掲載されない者は4人。

の密造・密売）が合計四件ある。

1 対ソ諜報活動

①ハルビン特務機関幹部（表4 47-54）：今泉忠蔵（少佐、特殊部隊教育班長）、江島毅（少佐、スンガリ支部長）、林知治（少佐、第一部情報課長）、牧野正民（中佐、特別部長）、村沢淳（少佐、機関長第二補佐）、山形求馬（少佐、諜報部長）、山下務（中佐、機関長第一補佐）、吉田徳（大尉、機関長付き）[18]

一九四六年六月三〇日沿海軍管区軍事法廷は、山下ら八人にロシア共和国刑法第五八条第六項及び一一項に基づき、銃殺刑を宣告した。

山下ら八人は、一九三九―四五年ハルビン特務機関の主要部署に就き、対ソ諜報活動に従事した。赤軍部隊、軍需企業、ソ連の政治・経済情勢に関する情報を収集し、総括して陸軍参謀本部に報告した。エージェントを徴募し、特別なスパイ学校で教育して、ソ連領内に送り込んだ。

山下、村沢、林、江島、吉田、今泉は一九四〇―四五年ソ連の日本領事館に偽名で勤務し、ソ連領内で情報を収集し、参謀本部に報告した。

牧野は一九四一年八月から四二年一二月までモンゴル国境の日本軍に勤務し、ソ連軍及びモンゴル人民共和国軍の情報収集を指導した。山形は長年ソ連領にスパイを系統的に送り込み、ウラジオストク・イマン間のスパイ活動を指導した。

山下ら八人全員が自分の罪状を認め、ソ連最高会議幹部会に助命を嘆願した。

一九四六年九月二四日最高裁案件小委員会は、山下ら八人に銃殺刑を適用することを承認した。

＊以下の紹介は、資料に忠実というよりは、紙幅の関係から要約的に行う。

②各地特務機関等幹部（表4　98-103）：一九四七年二月一五日最高裁軍事法廷判決、一八日小委員会承認。

・新井三郎（大尉）：一九四一—四三年長春、ハルビンで対ソ無線諜報に従事した。四三年以降綏芬河《スイフェンホー》特務機関長としてスパイを送り込み、ソ連スパイを摘発した。

・市川均十（少佐）：一九四二年外交伝書使としてソ連に派遣された。四三年以降ハルビン特務機関で白系露人を徴募してスパイ教育を行った。四五年特務機関「特別部隊」長となり、開戦後対ソ破壊活動に従事した。

・蟹江元（少佐）：三河《サンハウ》特務機関長としてソ連領内にスパイを送り込んだ。一九三八年ハサン湖戦争（張鼓峰事件）を機に破壊工作者養成の学校を設立、一部をソ連領内に送り込んだ[19]（図6）。

・野原博起（中佐）：一九三九—四二年参謀本部第二部（課報部）に勤務した。四二—四三年クイブィシェフ〔臨時の首都〕大使館駐在武官補佐を務めた。参謀本部第二部に戻ったのち四五年関東軍総参謀部第二部長代理に就任した。

・原田文雄（大佐）：参謀本部、ついで関東軍無線通信部に勤務した。一九四三年外交伝書使としてソ連に派遣され、シベリア鉄道の情報を収集した。四五年八月牡丹江特務機関長となった。

・蓑妻準二（海軍大佐）：一九一七年から海軍の対ソ諜報活動の中心人物。二四年ウラジオストクで合同国家保安部に逮捕され、日本に追放された。二八—三八年軍令部課報部ロシア課長。三五年清津《チョンジン》に海軍特務機関を設立、敗戦まで機関長を務めた。

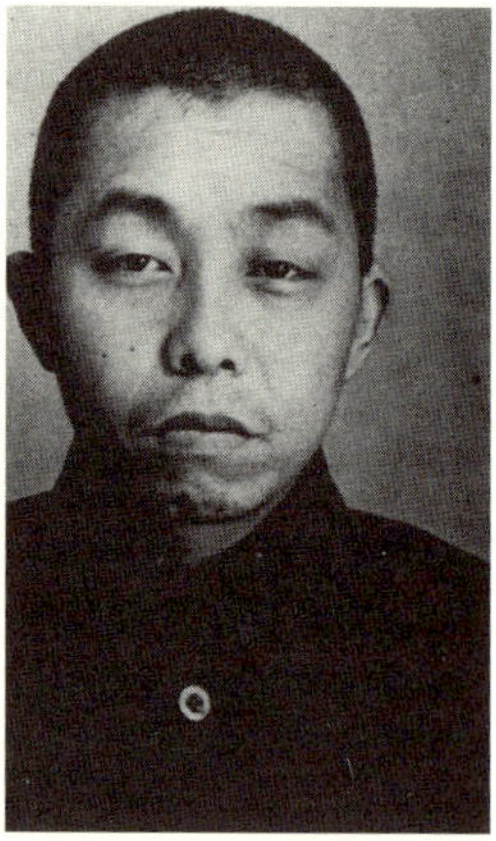

図６　蟹江元サハリン特務機関長（出典：『スターリンの犠牲者』（露文）グラーグ史博物館，2015年）

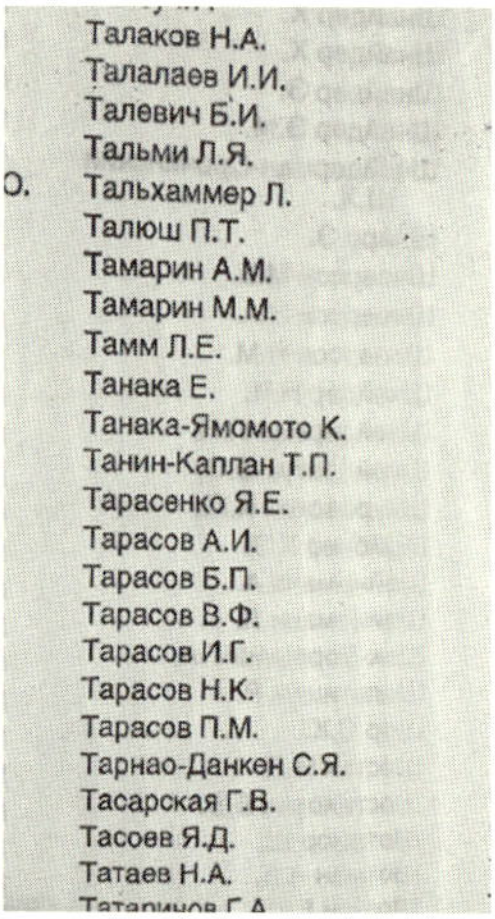

Талаков Н.А.
Талалаев И.И.
Талевич Б.И.
Тальми Л.Я.
Тальхаммер Л.
Талюш П.Т.
Тамарин А.М.
Тамарин М.М.
Тамм Л.Е.
Танака Е.
Танака-Ямомото К.
Танин-Каплан Т.П.
Тарасенко Я.Е.
Тарасов А.И.
Тарасов Б.П.
Тарасов В.Ф.
Тарасов И.Г.
Тарасов Н.К.
Тарасов П.М.
Тарнао-Данкен С.Я.
Тасарская Г.В.
Тасоев Я.Д.
Татаев Н.А.

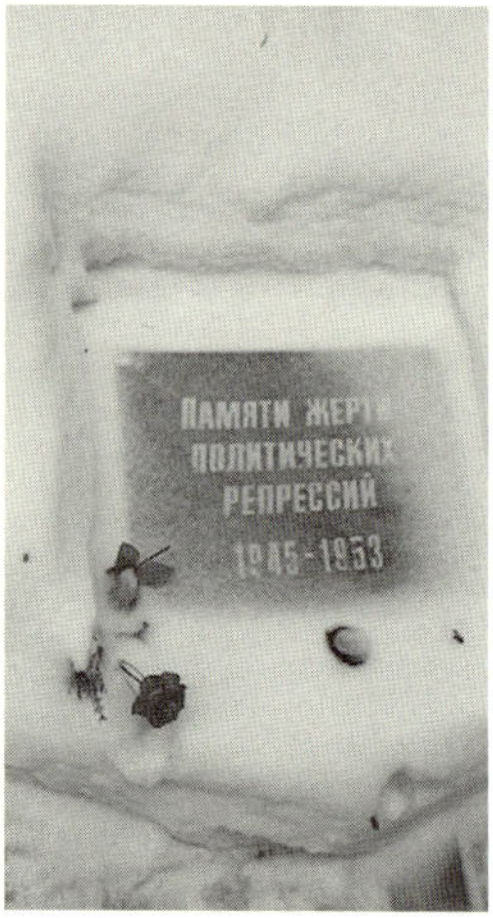

モスクワ・ドンスコイ修道院のスターリン弾圧犠牲者
図7-1　犠牲者（1945-1953年）追悼碑（右）
図7-2　判明した全犠牲者の銘板の一部。Танака E. は田中義久（一つ下の Танака-Ямамото K. はコミュニスト山本懸蔵）（左）

③各地特務機関等幹部等（表4　105－108）：一九四七年三月一日最高裁軍事法廷判決、一一日小委員会承認。

・大石重雄（外交官）：一九二五年から駐ソ日本領事館に勤務、スパイ情報を収集した。四〇―四五年満洲国外交部ハルビン全権代表として、ハルビン特務機関の任務を遂行した。

・大木繁（中将）：一九四四年一〇月から関東憲兵隊長。四五年からは対ソ戦に備えて「特別防衛隊」設立に参加した。

・小松巳三雄（少将）：一九一九―二一年対ソ干渉戦争に参加した。三五年オデッサ領事館書記官を務めた。一九四一―四三年牡丹江・大連特務機関長、白系露人事務局を指導した。四三年以降も関東軍の諜報活動を指導した。

・桜井鐐三（少将）：一九三四年から諜報活動に従事し、三五年にかけて満洲里特務機関長を務めた。三六―三九年参謀本部第二部に勤務し、三九―四一年ハイラル特務機関長となった。スパイ養成学校も設立した。

④各地特務機関等幹部等（表4　109－114）：一九四七年三月五日最高裁軍事法廷判決、一一日小委員会承認。

・宇山禄郎（民間人）：一九三四―六年駐日ソ連大使館の日本語教師、三九年満洲里ソ連領事館の日本語教師。四一年から関東軍無線通信部政治課長として対ソ諜報活動に従事した。罪状を認め、特赦を請願[20]。

・河西太郎（中佐）：四五年三月からジャムス特務機関長、対ソ諜報活動に従事した。日ソ開戦前に

「特別大隊」長となり、開戦後はハルビン・ジャムス間でソ連軍後方の破壊・テロ活動を指揮した。罪状を認め、特赦を請願。

・カトウ・タダクニ（少佐）：一九三四年関東軍司令部に派遣され、綏芬河、満洲里で無線通信所長を務めた。四〇年にハルビン特務機関軍事課報課長に就き、四四年から第二航空軍偵察隊長として情報収集に当たった。

・佐藤三郎（外交官）：三四年ブラゴヴェシチェンスク満洲国領事館書記官、ソ連各市を巡りスパイ活動に従事した。四一—四三年満洲国外交部調査部第一課長となり、情報を関東軍に提供した。罪状を認め、特赦を請願。

・田中義久（中佐）：三九年に陸軍諜報機関に入り、四一年からは、ハルビン特務機関付属のロシア語通訳養成学校の校長を務めた。四四年には、ソ連からの越境者のためのハルビン収容所長として情報を収集。四五年一月チチハル特務機関長となり、ソ連に対する諜報・防諜を指導した。[21]

・波頭ヒロシ（中尉）：憲兵学校卒業、四一年から関東憲兵隊黒河《サハリヤン》、北安支隊防諜部長を務めた。ついで支隊長となり、ソ連から潜入スパイを尋問し、拷問を加えて情報を入手した。

⑤新聞記者グループ（表4　104）：一九四七年二月二七日沿海軍管区軍事法廷判決、工藤のみ銃殺刑判決、のち自由剥奪二五年に減刑。五月五日小委員会承認。

・工藤新造（北海道新聞記者）：日本降伏後南サハリンで、新聞記者を中心とするスパイ・グループ一五人を率いた。四五年八—一二月非合法の会合を開き、ソ連軍部隊の兵員と装備、生活と士気、南サハリンの農工業の状態の情報を集め、北海道に伝達した。[22]

2 反ソ武装行動

①ハイラル市での市民・囚人殺害事件（表4 4-14）：一九四五年一一月一二日にザバイカル・アムール軍管区軍事法廷が判決。全員に一九四三年四月一九日最高会議幹部会令を適用、天野には刑法第五八条第六項も適用。罪状は、参加者と目撃者の証言、遺体遺棄場所の発掘により立証された。被告は罪状を認め、最高会議幹部会に助命嘆願。四六年一月二九日小委員会が判決を承認。

• 天野勇（中佐）：ハイラル特務機関長、四四—四五年ソ連、モンゴルにスパイ六〇人を送り込んだ。

• カゲヤマ・ハセキ（警視）：北興安省警察部長、四五年八月九日天野とともにハイラルのソ連市民、ハイラル監獄のロシア人・モンゴル人囚人を暴行するよう命令。

• ゴキタ・ミツグ（憲兵曹長）：市民一九人の逮捕・殺害を指導。

• オザワ・セイシロウ（警部）：市民一九人の逮捕・殺害を実行、うち三人の肉片切除。

• カワベ・ヒサト（憲兵軍曹）：市民一九人の逮捕・殺害を実行、うち二人の肉片切除。

• イシダ・キイチ（憲兵軍曹）、イトウ・ツネオ（憲兵上等兵）、ウエジ・モリオ（憲兵上等兵）、オグマ・マゴイチ（憲兵兵長）、フクダ・サダアキ（憲兵伍長）、ヤマシタ・カイイチ（憲兵上等兵）：市民一九人の逮捕・殺害を実行、殺害前に首を締め、穴に突き落として遺体を埋めた。

②奉天市でのソ連将兵、中国人警官襲撃（表4 16-26）：一九四五年一二月一二日にザバイカル・アムール軍管区第六親衛戦車師団軍事法廷が判決。全員に刑法第五八条第六、一一項を適用。罪状は、目撃者の証言と物的証拠により立証された。四六年二月五日小委員会が判決を承認。

• エザキ・コウザブロウ、キザキ・シゲル、シモザワ・トシアキ、セキカワ・タカヤ、ナカムラ・ススム、ナカヤマ・ケンジ、ナンゴウ・ケンイチ、ヒロタ・シンジ、ホシ・ショウイチ、マツオ・イサム、ムロゾノ・ショウゾウ[23]：一九四五年一一月奉天で「決死隊」参加、二四日ソ連軍衛戍司令部等を襲撃、将校三人、兵士一人殺害。交番を襲撃し、ソ連兵士一人、中国人警官五人を殺害。二六日の拘束の際も抵抗、兵士一人を殺害、四人を負傷させた。

＊カトウ、キタハラ（表4 31－32）は同一事件だが、判決が遅れた。

③ハバロフスク地方（おそらく南部）でのソ連軍部隊との交戦（表4 95－97）：一九四七年二月五日に内務省ハバロフスク管区部隊軍事法廷が判決、四三年令を適用した。被告は罪状を認め、スギウラ、キムラは恩赦を請願した。三月二五日小委員会が判決を承認。

•コンドウ・ワキト（少佐）、スギウラ・サブロウ（中尉）、キムラ・キンノスケ（上等兵）：降伏を肯んじず、ソ連軍部隊後方で鉄道駅、食糧倉庫を襲撃し、住民から強奪した。八月三〇日にソ連軍部隊と交戦、将校一人を含む七人を捕虜にとった。捕虜に残りの部隊を呼ばせたが、優勢であることを知って山中に逃げて戦った。三一日夜に捕虜七人を銃殺することにし、これにキムラは志願して参加した。重傷の兵士一人と将校は逃げ果せた。

④平壌市でのソ連軍部隊襲撃、後方攪乱・テロ活動の企図（表4 91－94）：一九四六年一二月一九日に第二五軍軍事法廷が判決、ヤスオカに刑法第五八条第二、六、九、一〇、一一項を適用、他の三人には第六、一一項を適用。罪状は物的証拠により立証された。被告は罪状を認め、特赦を請願した。四七年三月四日小委員会が判決を承認。

•ヤスオカ・ヒデカズ（少尉）：一九四五年八月平壌の諜報部に配置された。ソ連軍部隊に対する武装蜂起、後方攪乱・テロ活動、スパイ活動、住民に対する反ソ宣伝を任務とした。捕虜収容所内の元第二〇師団長と連絡を試み、収容所の捕虜ボスから、捕虜が武装蜂起に参加するかどうかを聞き出した。将校宿舎など、襲撃対象を絞った。

・ヤマザキ（ムラカミ）マサシ（少尉）、スエザキ・トミオ、ツカダ・ショウゴ：ヤスオカが諜報部員であることを知りながら、そのエージェントとなることに同意、ソ連軍部隊に関する情報を収集した。

⑤南樺太での「ソ連軍シンパ」朝鮮人の殺害（表4 63-69）：一九四六年九月二八日に極東軍管区軍事法廷が判決、刑法第五八条第四、一一、一四項を適用。被告の罪状は共犯者の証言により立証され、被告は罪状を認めた。四六年一二月二四日小委員会が判決を承認。

・細川博、キョウスケ・ダイスケ、クリス・ノボル、チバ・マサシ、ホソカワ・タケシ、チバ・モイチ、永井幸太郎（全員の階級が不明）：一九四五年八月にソ連軍が南樺太に侵攻した時、ソ連軍に忠実と見られた朝鮮人に制裁を加えるテロリスト集団を結成した。彼らは細川、キョウスケに率いられ、八月二〇、二一日に朝鮮人に制裁を加え、女性三人、子供六人を含む二四人を軍刀で斬り殺した。

3 捕虜脱走時の警備兵、住民の殺傷

①南樺太での護送中の脱走（表4 27）：一九四五年一二月二七日に極東軍管区軍事法廷が判決、刑法第五八条第八項を適用。罪状は、負傷した護送兵と目撃者二人の証言により立証された。被告は罪

状を認め、最高会議幹部会に助命嘆願。四六年三月二六日小委員会が判決を承認。

・イナガキ・ショウキチ（兵卒）：一一月一六日大泊から泊岸に護送中他の四人とともに逃亡を図り、護送兵に重傷を負わせた。

＊共犯のシブヤ（表4　40）は四六年四月一三日に判決。

②ハバロフスク（地方）の捕虜収容所（分所不明）からの脱走（表4　41－44）：一九四六年五月六日に内務省ハバロフスク管区部隊軍事法廷が判決、刑法第五九条第三項を適用。七月一六日小委員会が判決を承認。

・高橋三郎（兵卒）、イナヨシ・サトル（上等兵）、セオ・ミツマサ（兵卒）、イシカワ・ソウイチ（伍長）：一九四五年一〇月三日共謀して捕虜収容所を脱走した。一〇日コルホーズの見張りを襲い、瀕死の重傷を負わせた（翌日死亡）。その衣服、靴、食糧を奪い、一三日にはコルホーズの林道に侵入して蜜蜂巣箱五箱を奪った。

③カザフスタン共和国ウスチ・カメノゴルスクの捕虜収容所からの脱走（表4　71－75）：一九四六年一〇月二三日に内務省カザフスタン管区部隊軍事法廷が判決、刑法第一三六条第一項、第一九三条第三項を適用。一二月三一日小委員会が判決を承認。

・中尾渉（警官）、大西大（曹長）、川村雄市（軍曹）、北澤實（曹長）、黒田孝寿（警官）[24]：一九四六年八月二〇日脱走目的で騒ぎを起こし、懲罰小隊に移送される途中、中尾が仮病を使い、護送兵二人のうち一人が荷馬車から離れた隙にもう一人を襲って殺害し、逃走したが、九月には全員拘束された。

④チタ州ダヴェンダ鉱山から作業中に逃走（表4　82－87）：一九四六年一一月一〇日に内務省チタ

管区部隊軍事法廷が判決、刑法第五九条第三項を適用。罪状は参加者の証言により立証された。被告は罪状を認め、最高会議幹部会に助命嘆願。一二月三一日小委員会が判決を承認。

•高垣幸生、イトウ・ソウイチ、オオバ・キヨマツ、ミズノ・スエマツ、ミヤコシ・ギサク、ワタナベ・カメジロウ[25]：一九四六年初め高垣が呼びかけて、捕虜合計二〇人の集団脱走を企図。高垣、オオバ、イトウが計画を立案した。四月二〇日ダヴェンダ鉱山で作業中にオオバが警備兵を斧で殺害、イトウがライフル銃を奪った。ミズノ、ミヤコシ、ワタナベは犯罪の痕跡を隠すために遺体を火中に投じた。全員が満洲国境に向けて逃走したが、拘束された。

第三節　既存の知見と照合して

以上のように、ソ連側は、日ソ開戦以前から狙っていた在満特務機関幹部（表5）はむろん、ソ連軍による満洲等の占領に抵抗した者、捕虜収容所からの脱走者、重大刑事犯を捕えて軍事裁判にかけ、銃殺刑判決を宣告した。諜報・防諜機関は自国の中で重要な部署であったが、敵国においてもそうだったというミラー・イメージを持っていたこと、また、ソ連国内で「社会主義財産保護法」（一九三二年）に代表されるように、飢饉の中で麦穂一つを盗んでも、五年もの自由剝奪刑を受けるほど重罰主義をとっていたことの反映として、外国人に対しても刑罰が厳しかったことを指摘できる。反ソ武装行動のいくつかは実行されなかったのに、企図だけで銃殺判決を受けたのである。

表 5　満洲特務機関長（第二次大戦期）（ゴシックは表 4 掲載）

ハルビン（関東軍情報部長）	柳田元三（40.8-43.3）	土居明夫（43.3-45.2）		秋草　俊（45.2-）
間島（琿春）	**山形求馬**（臨時）	多喜　弘（43.4-44.11）		遠藤三郎（44.11-45.8）
綏芬河（牡丹江）	**小松巳三雄**（42.10-43.6）	芝田経一	多喜　弘	**原田文雄**（45.7-）
蜜山（東安）	田島重彦		安木亀二	市来正明
ジャムス	西原征夫（39.5-41.3）	小堀　晃（41.11-42.8）	広瀬　清（43.3-45.1）	**河西太郎**（45.1-）
黒河	武部松雄	陸路富士雄	近藤毅夫（43.11-45.2）	**田中義久**（45.2-赴任せず）
チチハル			**田中義久**（45.1-）	
ハイラル	**桜井鐐三**（39.7-41.5）	菅波一郎	小堀　晃	**天野　勇**（44.8-）
＊三河、満洲里	**蟹江　元**（40-）			譲尾　巧（入ソ後事故死？）
アパカ	**牧野正民**（40.9-44.7）	竹原　潔		**木村功一**（45.7-）
奉天	浜田　平（41.11-43.3）	小畑信良（43.5-44.10）	久保宗治	熱海三郎（45.8-）
大連	**小松巳三雄**（41.11-42.8）	芝田経一	**小松巳三雄**（42.10-43.6）	笠井半蔵（43.8-44.8）
承徳				斎藤鐘三（45.2-）
豊原	斎藤浩三（42.3-43.8）	浅田三郎	坂田敏則	**蟹江　元**（44.12-）

（出典：秦郁彦編『日本陸海軍総合事典』東京大学出版会，第 2 版（2005年），405～408頁。一部は註（17）西原著で補正。）

1　対ソ諜報活動

特務機関や憲兵隊の幹部について言えば、この「前職」に就いていただけで重大な「戦犯」とされた。生き残った幹部の回想記には必ずと言ってよいほど、国を守るための諜報・防諜活動なのであって「お互い様だ」という反論が見られる。しかし、国防のための防諜として、例えば対立国スパイを捕えて拷問し、情報を獲得する（あまつさえ殺害する）ことは許容されない。先に見た波頭ヒロシのような事例である。ことに日ソ間の諜報活動は、日露戦争の頃から主戦場となる満洲に両国がスパイを送り込み、とくに中国人や朝鮮人、モンゴル人を現地で徴募して展開されたため、密偵＝エージェントをいわば捨て駒のように扱ってきた。

モンゴルに近いアパカで最後の特務機関長だった木村功一少佐は、ソ連スパイ射殺も一事由として銃殺刑判決を受け、執行された（表4　28）。八月九日に、過去に越境してきて勾留中のソ連スパイ五人を射殺するよう命じたと「最高裁案件小委員会」議事録に記されているが、特務機関に協力してきたモンゴル人「逆用諜者」を「二重スパイ」の廉で、裁判抜きで自ら射殺したという情報もある。(26)

土屋芳雄は敗戦まで一二年チチハルで憲兵を務め、抗日運動を弾圧してきたが、八月九日ソ連参戦の日「戦時有害分子」を一斉に逮捕した。配下の博克図《ブハト》憲兵分隊は「戦時有害分子」を射殺した。土屋准尉はソ連に抑留されたのち一九五〇年七月中華人民共和国に引き渡され、撫順戦犯管理所で「思想改造」＝反省の日々を送ることになる。ちなみにチチハル憲兵隊長の玉岡巌大佐は拘束後に自決し、特務機関長の田中義久中佐はすでに見たように銃殺刑判決を受けた。(27)

特務機関トップ、一九四〇年八月（ハルビン特務機関が関東軍情報部に改称）以降の三人の情報部長のうち、二代目の土居明夫は支那派遣軍に転出したため、ソ連軍に捕縛されなかったが、初代の柳田元三、三代目の秋草俊は、おそらく「戦犯」裁判に利用する狙いから抑留され、秋草は一九四九年二月に、柳田は五二年一〇月にモスクワの収容所で病死している。

このうち秋草少将が一九四六年二月二二日にモスクワで受けた尋問の調書には、彼が育成した白系ロシア人部隊（浅野部隊）の概要が記されている。一九三八年に結成された諜報と威力謀略（破壊工作）のための白系ロシア人二―三〇〇人からなる部隊で、満洲国軍に属し、戦時には関東軍の指揮下に入ることになっていた。諜報面ではブレム幹部のマトコフスキーらがソ連側に寝返るなど「赤化」されて役に立たず、ソ連軍侵攻の際に後方攪乱をすることもできなかった。ソ連軍後方攪乱のために、参戦直後にハルビンには「特別隊」（牧野大佐が指揮）、チチハル、奉天、牡丹江に「保安部隊（特別遊撃隊）」が結成されたが、ほとんど何もできずに終わった(28)。

2―1　反ソ武装行動

八月九日のソ連軍侵攻に応戦した関東軍部隊は、国境地帯のいくつかの要塞を除けば、そう多くはない。北辺の黒河特務機関長だった近藤毅夫は「終戦の詔勅」が伝えられるや、居留民の安全な避難を優先して省都北安を交渉により、無血のうちに明け渡した。近藤がハバロフスクの裁判において「自由剝奪二〇年」判決で済んだのはこのためかもしれない(29)。

ソ連軍への抵抗は、むしろ散発的・ゲリラ的なものが多かった。奉天市でのソ連将兵、中国人警官襲撃事件については、V・ボブレニョフ『シベリア抑留秘史』第五章に「日ソ戦争、唯一のパルチザン」がある。著者が最高検軍検事の立場を利用して入手した文書に基づいた著作だが、瀬島龍三や近衛文隆に関心が集中して、筆者自身も最近まで注目していなかった。しかし、「最高裁案件小委員会」議事録の記述と酷似し、しかも事件の背後関係にまで立ちいった論文にはあらためて感心させられた。[30]

一九四五年一一月二四日深夜、一六人からなる日本人青年「決死隊」が火器、軍刀、手榴弾で武装して奉天のソ連軍衛戍司令部を不意打ちし、将校三人を殺害、四人を負傷させて逃走した（隊員一人が死亡）。同じ時間に交番三カ所も襲われ、中国人警官五人、ソ連軍兵士一人が殺害された。ソ連軍防諜機関（スメルシュ＝「スパイに死を」）はホシ・ショウキチを厳しく追及し、仲間の居場所を喋らせ、二六日そこを急襲した。銃撃戦の結果ソ連軍兵士一人が死亡、四人が負傷したが、九人を逮捕した（残りは逃走）。二七日に病院に手当てに現れた二人を逮捕した。

一二月一二日に〔ザバイカル・アムール軍管区〕軍事法廷が開かれた。ナンゴウ・ケンイチ、シモザワ・トシアキ、ナカヤマ・ケンジ、マツオ・イサム、ナカムラ・ススム、セキカワ・タカヤ、エザキ・コウタロウ、ムロゾノ・ショウゾウ、ホシ・ショウキチ、ヒロタ・ショウジ、キアキ・シゲルには銃殺刑の判決が言い渡された。イイダ・ミツコ、ヤマダ・ハルコ、三人の男性には懲役〔自由剝奪と矯正労働〕一〇年が言い渡された。「最高裁案件小委員会」議事録の記録との違いは、ヒロタの名がシンジかショウジかの点、エザキの名がコウザブロウかコウタロウかの点のみであり、銃撃戦の日付と死傷者の数は、二四日の兵士殺害一人を除いて一致している。

右著作第五章は、首謀者ヨシカワ・イカミ（実は朝鮮人）が捕まらなかったと記しているが、その背後に国民党のゴ・ファ・フィン将軍がいると指摘している。実は、その名はハラダ・サブロウ、アべ・ススムに対する同じ軍管区軍事法廷の一九四六年一月一四日判決（表4　29－30）の罪状に見える。ハラダとアベは一〇月に一七〇人からなる地下武装部隊を結成し、国民党政府軍に属してゴ・ファ・フィン将軍の指揮下に入った。そして一一月二五日にソ連軍衛戍司令部と中国警察署を襲撃する準備はしたものの、果たせなかったという（おそらく一六人の「決死隊」が早まって襲撃したからであろう）。

第五章にはこのほか、キタハラ・カネキチ（表4　32）、ナカノ・トミオ（同　34）の名も見えるが、一九四六年一月一一日の軍事法廷でゴ・ファ・フィン以下九人、その他「決死隊」員（キタハラ、ナカノ除く）に対する銃殺刑判決が下された。しかし、外務人民委員（一九四六年三月以降は外務大臣）モロトフに対する陳情の結果、五月最高裁軍事法廷は銃殺刑を「自由剝奪」一〇年に変更した。ゴ・ファ・フィンらの姓名が「最高裁案件小委員会」議事録に被告として掲載されなかったのも当然である。

このように、奉天における一九四五年一一月の反ソ武装行動は大規模にはならなかったが、右の銃殺刑判決変更は、国民党と共産党が本格的に内戦を開始する四六年四月のソ連軍撤退までは、ソ連が国共両党の調整を図ったからだと推測される。

なお、『毎日新聞』一九五五年四月一八日は、長期抑留者の第三回帰国を報じ、その中に「奉天事件」関係者がいることを明らかにした。山内一昭、篠崎正明、栄四郎の三人で、語った事件の概要は大筋では『シベリア抑留秘史』の記述と合致している。しかし、この三人の名は篠崎しか同書に見えず（但し、当時一七歳という記述と新聞報道の二四歳は矛盾する）、軍事法廷の判決は首謀者七人が二五年、その他十余人が一〇～一五年となっていて、銃殺刑判決はなかったことになっている（ソ連収容所当局に口止めされた可能性はある）[31]。

他方、時期的には奉天より早いハイラルでの反ソ武装行動は、通例のロシア共和国刑法第五八条ではなく、一九四三年四月一九日最高会議幹部会令を適用した数少ないケースとして注目される。しかし、極東国際軍事裁判判決では「通例の戦争犯罪（残虐行為）」の一例として「ソビエット連邦の市民は、一九四五年八月九日に、満州のハイラルで虐殺された」と簡単に触れられた程度である。[32]「最高裁案件小委員会」議事録に見える九日のソ連市民及び監獄のロシア人・モンゴル人四人、合計一九人の憲兵、警官による惨殺は、まさしく右最高会議幹部会令の適用対象だが、さすがにこのサディスト的蛮行は他では書けなかったのだろう。

2—2　南樺太での朝鮮人惨殺

二〇一六年に亡くなったノン・フィクション作家、林えいだいに『証言・樺太朝鮮人虐殺事件』がある。一九四五年八月のソ連対日参戦に際し、当時日本領だった南樺太で人口約四〇万の一割弱を占めた朝鮮人に対する日本人の差別意識が、対ソ恐怖心と相まって「朝鮮人がソ連の侵攻を手引きした」「彼らはスパイ行為をするに違いない」というデマ情報の形をとって表面化し、各地で迫害、虐殺事件が起きたことを、詳細なサハリン現地調査に基づいて著した書籍である。[33]

同じく日本の植民地だった朝鮮では日本人居留民は少数派であり、南半部を占領した米軍も北半部を占領したソ連軍も日本人を早期に送還する方針をとっていた。北半部ではソ連による三八度線の閉鎖が居留民の難民化をもたらしたため、日本人は朝鮮人迫害どころか、「報復」を恐れて戦々恐々としていた。ところが、南樺太では九日のソ連軍満洲侵攻の報から二三日の大泊港出航禁止までの間に

（七万六〇〇〇人が北海道へ脱出）、「朝鮮人は脱出（当時は疎開と言われた）させない」なるデマ情報とともに、各地で迫害が行われた。

林はこのうち大規模なものとして「上敷香虐殺事件」と「瑞穂虐殺事件」を記しているが、まず後者はすでに見た通り「最高裁案件小委員会」議事録にもあるので（但し、この地名は記されていない）、先に取り上げる。林著によれば、事件は、モリシタ・ヤスオ率いる「義勇戦闘隊」二〇人以上が一九四五年八月二〇日にまず一人、ついで四人、二二日に男性九人、女児一人、二三日に男性四人、女性一人と子供五人、女性二人、結局二五日までに二七人の朝鮮人を軍刀などで惨殺したものである。林は「最高裁案件小委員会」議事録の銃殺刑判決を受けた七人（表4 63‐69）ばかりではなく、他の隊員の裁判での陳述や遺体の鑑定結果をも紹介している。他の隊員も「自由剝奪」一〇年の判決を受け、シベリアに移送、抑留されたという。

ちなみに、事件はしばらく発覚せず、ユジノサハリンスクのソ連軍政治部将校が朝鮮人からの訴えを聴いて政治部上司に働きかけた結果、一九四六年夏に現地調査、遺体鑑定が行われたが、この将校は一九三七年八～一〇月のスターリンによる朝鮮人の中央アジアへの強制移住（日本のスパイになる恐れが理由）の経験者だったというから、皮肉な巡り合わせである。

「上敷香虐殺事件」は、林著によれば、ソ連軍侵攻の前日、八月一八日に上敷香警察署に留置されていた朝鮮人一九人中一八人が射殺され、警察署ごと焼かれた事件である（一人だけ大便器内に隠れて命拾いをし、翌日ソ連兵に事件を知らせた）。朝鮮人社会もこれを取り上げてソ連軍衛戍司令部に訴え出たが、「厳重処罰」の約束だけで、この件に関する裁判はなかったようだと記している。「最高裁案件小委員会」議事録に記載されなかったわけである。

おわりに――今後の課題

この度の「銃殺刑被宣告者」の、従来の五倍もの人数につき「罪状」を具体的に示した文書の発見は、「三重苦」（飢え、寒さ、重労働）による死亡より苛酷な死亡があった事実＝日本人抑留の最も暗い部分を明らかにしたものと言える。彼らは判決から執行まで独房で孤独と煩悶に耐え、仲間に看取られることもなく刑場に向かった。遺族は遺品もなければ、執行日＝命日も知らされず、今日まで線香をあげ、花を手向けることさえできないで来た。

一一四人のうち、銃殺刑が執行されたことが別の文書で確認できるのは四七人である。工藤新造は死刑廃止直前だったために減刑されて執行を免れたが、蟹江元、黒田孝寿、高垣幸生については執行以前に獄死、蓑妻準二については獄死したのに銃殺刑判決を受けたという情報がある。[34] むろん、九〇％以上が執行されたと見てよいのだが（同一グループのうち一人でも執行日が記されていれば、他の全員も同じと判断してよいとすると、執行は少なくとも一〇九人中七九人）、積極的に証明できる文書が目下のところ存在しない。また、ペレストロイカ以降に名誉回復の措置を受けたのは、NGOメモリアル作成の「日本人名誉回復者名簿」[35]によれば二四人である。反ソ武装行動や捕虜脱走に伴う殺傷は名誉回復されなかったと判断されるが、名誉回復の全貌は、「戦犯」約一五〇〇人中一一二八人止まりなのかどうかも含めて、なお明らかではない。まだ課題は残されている。

と同時に、政治局「最高裁案件小委員会」議事録が、日本人に先行する、はるかに大規模なドイツ人等枢軸国捕虜の「銃殺刑被宣告者」を示していること、また、この「銃殺刑判決」が対独報復のみならず、独ソ両国のせめぎ合いの中で翻弄されたバルト三国やポーランドの民族主義者にも向けられたこと、東アジアのプレ冷戦状況下での親国民党的中国人や親李承晩的朝鮮人に対する弾圧でもあったことに注意すべきである。国際共同研究が望まれる。

註

（1） Rossiiskii Gosudarstvennyi Arkhiv sotsial'no-politicheskoi istorii, fond 17, opis' 166, delo 751-795.（分類は順に書庫、目録、ファイル）。第二節での引用は、煩雑なので下位の delo, list（葉）の数字も含めて示さず、表4に一括した。なお、閲覧したのはマイクロフィルムで六リール（約八〇〇〇コマ）である。

（2）『続・朔北の道草』一九八五年、一三九―一四一頁。『戦後強制抑留史』第四巻、二〇〇五年、二二一―二二八頁。

（3） 筆者はマイクロ・フィルムの当該部分を二回読んだが、それでも見落としが一九四五年八―九月分に四人ほどあったことは、帰国後に入手した「日本人名誉回復者名簿」（後述）と照合して判明した。

（4） 富田『シベリア抑留』、目次の前の図「日本人抑留者の移動」。

（5） 同右、六六―六八頁。一九四三年一二月のドイツ人三名（軍人、親衛隊員、秘密警察員）及びロシア人協力者一名に対するハリコフ裁判を紹介している。

（6） ハバロフスク裁判判決は、富田武・長勢了治編『シベリア抑留関係資料集成』みすず書房、二〇一七年、二九七―三〇四頁。

（7） 回想記や研究書の大部分は「ソ連刑法」としているが、ソ連は一九一八年成立のロシア共和国など四共和国から二二年に結成され、刑法、民法などの法典は各共和国で作成され、連邦には「基本原則」しか存在しない。

（8） Arkhiv Vneshnei Politiki Rossiiskoi Federatsii, f. 1046. op. 56, papka 344, poriadok 7, l. 207-209. この分類法はロシア連邦外交政策公文書館に固有のものである。papka はファイル、poriadok は目。

（9） 逮捕の日付は「日本人名誉回復者名簿」（後述）による。

（10） 前掲『シベリア抑留関係資料集成』二九五―二九六頁。

（11） 田中宏巳『BC級戦犯』ちくま新書、二〇〇二年、一五頁。

（12） 外務省外交史料館『ソ連地区邦人引揚各地状況　ソ連本土の部　邦人の受刑状況　調書「ソ連における邦人の受刑状況」』（k'-7-1-2-2-1-6-1）

（13） 右判決文は、佐藤を主人公とした次の著作でも見られる。栗原俊雄『シベリア抑留最後の帰還者――家族を繋いだ五二通のハガキ』角川新書、二〇一七年、一〇一―一〇九頁。

（14） 山本は赤紙召集されて兵士となったが（伍長）、他の二人は満鉄勤務のままだった。

（15） 矯正労働収容所は、国内刑事犯・政治犯が労働を通じて更生するという建前で設置されたもので、一九二九年末からの農業の全面的集団化に抵抗した農民を収容し、建設プロジェクトに動員したことにより大規模化した。捕虜収容所はこれをモデルに設けられ、同じく内務省（一九四六年二月までは内務人民委員部）の管轄下にあったが、別物である。

（16） 上訴審の場所はモスクワか、出張法廷の場合はハバロフスクである。

（17） ジャムス特務機関長を務めた西原によれば、関東軍情報部（旧ハルビン特務機関）員の一九五八年七月現在の復員状況は、総数三二〇六人（ハルビン本部四五〇、一三支部＝各地特務機関計一三六四ほか）中「死亡公報済」四九三人、生存帰還者二五九一人、未帰還者一二二人であった。西原征夫『全記録ハルビン特務機関――関東軍情報部の軌跡』毎日新聞社、一九八〇年、八一頁。

(18) 秋山和平（関東軍情報部高級副官、少佐）によれば、ハルビン特務機関将校約二〇人は、八月二四日に飛行機でウォロシーロフ未決監獄に移送され、三カ月半に及ぶ取り調べを受けた。『続・朔北の道草』一三四―一三五頁。菅野五郎の回想は、山形少佐の最期につき最も詳しい。一九四六年六月末に囚人護送車から本人が「山形銃殺」と連呼していたのが聞こえたという（三〇日の判決言い渡しに違いない）。『朔北の道草』（一九七七年）三七一―三七三頁。

(19) 蟹江は三河特務機関長の後、上海勤務を経て一九四四年一二月には樺太（豊原）特務機関長になったが（『週刊文春』一九七五年八月一四日）、なぜか本公文書には記載がない。

(20) 宇山の件は、二〇〇四年二月厚労省から未亡人あてに「個人資料」の記載内容が伝えられた。それによれば、一九四五年一一月二二日ハルビン市で逮捕され、取調べはモスクワで行われ、四七年三月五日最高裁軍事法廷で銃殺刑判決を受け、四月九日にモスクワ市内で執行された（埋葬場所の情報なし）。二〇〇〇年一二月一八日に名誉回復された。職業は満洲電信電話株式会社政治部長だが、本公文書では関東軍無線通信部政治課長となっている。ソ連側が意図的に軍関係者に仕立てたものと推測される（軍人でなければ就けない役職）。

(21) 田中の件は、二〇一〇年六月厚労省から長女に、なぜか「個人資料」ではなく、メモリアル協会の情報が伝えられた。それによれば、一九四五年八月二〇日に逮捕され、四七年三月五日最高裁軍事法廷で反ソ諜報活動の罪により銃殺刑判決を受け、四月九日に執行された。一九九三年五月二八日に名誉回復された。なお「ロシア語通訳養成学校」は、日本では関東軍露語教育隊と呼ばれた。

(22) 工藤たちのことは、聴き取りに基づく北海道新聞労働組合『記者たちの戦争』（径書房、一九六〇年）に描かれている。工藤自身は『続・朔北の道草』に一文を寄せている。グループとされた新聞記者は北海道新聞社八人、毎日新聞社二人、朝日新聞社、読売新聞社各一人。

(23) 職業または階級が記されていない。

（24）クロダ、カワムラ、キタザワ、ナカオ、オオニシの名は以下にもみられる。A. Aldanazarov. Iaponskie mogily na zemle Kazakhstana. Alma-Ata, 1994, Spisok No. 9. これを村山常雄「ソ連抑留死亡者名簿」で確認したところ、漢字の氏名も判明した（ただし、階級に一部相違がある）。また、黒田が一九四六年一二月二〇日、他が四七年一月三〇日に死亡とあるのは、黒田が病死、他は銃殺刑執行と判断される。以上は、長勢了治氏の御教示による。

（25）職業または階級を筆者が入力し忘れた。但し、田中義久チチハル特務機関長の回想を記した黒沢嘉幸は、補佐官が高垣幸生大尉だったこと、高垣が収容所（チタ州東部の収容所）から一九四六年三月に集団で脱走を試みて失敗したことに触れている。『続・朔北の道草』七二四—七二五頁。一四三—一四八頁。

（26）内蒙古アパカ会・岡村秀太郎共編『特務機関』国書刊行会、一九九〇年、二〇四—二一五頁。拷問や房に盗聴器を仕掛けたことなどとともに「知られざる実話」として紹介されている。

（27）朝日新聞山形支局『聞き書き　ある憲兵の記録』朝日新聞社、一九八五年、一六三—一七二頁。

（28）粟谷憲太郎・竹内桂編集・解説『対ソ情報戦資料』第二巻、現代史料出版、一九九二年、五〇三—五二一頁。

（29）近藤毅夫『シベリア抑留記』白凰社、一九七四年、一六—四一頁。

（30）V・A・ボブレニョフ『シベリア抑留秘史——KGBの魔手に捕われて』終戦史料館、一九九二年、二四一—二八三頁。

（31）『毎日新聞』一九五五年四月一八日、五面。

（32）『極東国際軍事裁判速記録』第一〇巻、一八八頁。

（33）林えいだい『証言・樺太朝鮮人虐殺事件』風媒社、一九九一年、一八六—二二八頁（上敷香虐殺事件）、二二九—二九七頁（瑞穂虐殺事件）。

（34）蓑妻は一九四五年八月清津で逮捕され（『季刊　望郷』レインボー出版、第九号、一九八二年春、四九頁）、一二月ウラジオストク監獄で死亡した（海軍兵学校第三七期クラス会誌 http://kaigunguso.blog.fc2.com/blog-entry-

37)。蟹江は銃殺されず、一九五四年一一月九日モスクワで栄養失調により死亡という情報もある（吉田知子「父は生きていたのか」『文藝春秋』一九九五年七月号）。

（35）「名誉回復者名簿」はキリチェンコ氏の好意で提供されたもので、正式タイトルは不明。生年、収容所名、逮捕日（捕虜になった日ではない）、判決日、適用法令、刑期、被銃殺者の場合は執行日、名誉回復日といったデータ一一二八人分よりなる。ここで銃殺となっているが、本書の「銃殺刑被宣告者」リストには入っていない者がいる。名簿、リストの性格の違いもあろうが、今後の調査課題である。

第二章　中村百合子——諜報活動の謎と女囚の生き様

はじめに

ソ連にいた日本人長期抑留者二六八九人は一九五三年一二月から五六年一二月まで、都合一一回の引揚船で帰国した。うち五六年六月九日に舞鶴に入港した北斗丸には、山田乙三元関東軍総司令官ら六二人が乗っていた。舞鶴入港を報道した同日付『毎日新聞』は、山田にインタヴューしたほか、四人の女性を写真付で紹介した。その四人は、次のような経歴を持っていた。

- 斎藤リエ（三四歳）：平壌で結婚した夫は終戦直前に南朝鮮に応召し、帰国。平壌に残された本人はソ連に連行された。ハバロフスク収容所で別の日本人男性（日本に妻子あり）との間に一子をもうけた。舞鶴に迎えに出た夫は再婚していたため、もはや別離しかない。
- 森妙子（二四歳）：日本人とロシア人の子で、自らもロシア人との間に生んだ子（八歳）を連れてハバロフスクから帰国。
- 日野恵美子（二八歳）：南樺太で抑留され、ハバロフスクの収容所にいた。
- 中村百合子（三三歳）：軍医大尉の夫が一九四四年サイパンで戦死。本人は、二五年の長期刑を受けたものの病気で帰され、夫の弟の家に身を寄せるが、福岡の母のところに帰る意向。

本稿で取り上げるのは、唯一人抑留記を残している中村百合子である。帰国直後に執筆した『赤い壁の穴』（図8）は、囚人生活から見たロシア社会及び女性の観察として実に優れているが、それは後述するとして、同書に付された略歴が興味深い。関東軍情報部（特務機関）の露語教官だったこと、おそらく、それゆえ戦犯扱いされて長期抑留されたことが女性としては珍しい点、しかも、略歴に空白、謎がある点に調べる意欲をそそられたのである[1]。

図8　『赤い壁の穴』（武蔵野書房，1956年）

第一節　中村の経歴を追いかける

まず右記著作によれば、中村の略歴は以下の通り。

・一九二三年　生まれ
・一九四〇年　広島高等女学校卒業
・一九四四年　陸軍軍医大尉中村文雄と結婚（夫は同年サイパンで戦死）
・一九四五年　関東軍情報部に露語教官として赴任
・一九四七年　北朝鮮で逮捕、モスクワ

に移送されて取調べ

- 一九四九年　タイシェットの矯正労働収容所に送られる
- 一九五四年　ハバロフスクの収容所に移転
- 一九五六年　舞鶴に帰国

ここで生ずる疑問は、①露語教官になるほどのロシア語能力をどこで身につけたのか、②関東軍情報部の関係者は通例一九四五年八―一〇月の早い段階で逮捕されたのに、一九四七年北朝鮮で逮捕ということは、北朝鮮経由で日本に逃げようとして果たせなかったのか、という点である。そこで、筆者はロシア国立軍事公文書館の友人に、中村百合子の登録簿、登録カードがないかと問い合わせたところ、戦犯の場合はそれらが連邦保安庁（かつてのソ連国家保安省、国家保安委員会）に移され、アクセスできないのが普通なのに、なぜか登録カード写しを入手できた。それによれば（生年や生誕地が異なるのは、虚偽を述べたと思われるので無視するとして）、

- 一九四七年九月一三日　第二五軍〔北朝鮮駐屯ソ連軍〕防諜機関により平壌市で逮捕
- 一九四八年二月七日　沿海軍管区軍事法廷が、ロシア共和国刑法第五八条第六項―1及び一一項に基づき（スパイ罪の廉で）刑期二五年の判決
- 日付なし　内務省第七特別収容所〔タイシェットの特別規制収容所〕で服役[2]

登録カードにはモスクワでの取調べは記載がなく、罪状と判決内容が明確になったに過ぎない。右記疑問①はむろん、②一九四五年敗戦から四七年逮捕まで、どこで何をしていたのかは分からない。

行き詰まった筆者は、この経歴ならば帰国時に米軍防諜機関（占領期はＣＩＣ＝第四四一防諜支隊）

の取調べを受けたはずだと判断、米国国立公文書館に出かけた〔むろんＣＩＣの尋問を受けたと見られる他の抑留者のことも調べるために〕。案の定、中村百合子のボックスが存在し、(a)英語の取調べ記録要旨（一九五六年一二月一一日受領という上部機関のスタンプあり）のほか、(b)本人手書きの日本語身上書、さらに(c)日本の雑誌『日本週報』への寄稿＝「諜報記」〔但し、一九五六年一一月二五日から連載一〇回のうち三回分のみ〕、(d)日本の英字紙（Yomiuri Japan News）でのインタヴュー（一九五六年一一月一八日）までもが含まれていた。[3]

ここで中村がＣＩＣのエージェントだったという事実が判明するが、まずは(a)から見ていこう。この要旨には、尋問がいつ、どこで行われたかは記されていない。本名Ide Yuriko、偽名Mrs. Nakamuraとなっているのは、イデが実家の姓〔橋本〕でもないため、本人なりの防衛策だったと見られる。一九四五年八月の日本敗戦までハルビンに暮らしたというのも偽りであるが、重要なのはそれ以降である。一九四五年九月から四六年四月までソ連軍諸部隊で通訳を務め、その後は清津《チョンジン》に移り、第二五軍民政局政治代表部の通訳となった。同年一二月〔米ソの日本人捕虜送還協定が成立〕中村は日本帰国を希望し、元山〔興南とともに引揚船の出港地〕に向かったが、平壌日本人会会長のTsuresuka の Tsuresuka Hidejiによって平壌の民政局本部の通訳に採用された。本人はこれを拒否したが、引揚船が出港するまで一〇日間防諜機関に拘束された。中村は平壌で通訳を務めている間に、民政局長のロマネンコ将軍やスタッフと「ねんごろな関係」になった（on intimate terms）。一九四七年七月彼女は、日本帰国を願い出て他の日本人技術者とともに三八度線を越え、難民キャンプに拾われ、ＣＩＣの尋問を受けた。

ＣＩＣ係官によれば、中村は尋問にきわめて協力的で、米軍当局の厚遇に驚いていた。尋問が終わったら日本に帰国させると言われた。彼女は、故郷の母に安全で、元気にしていると伝えてもらいたいと頼んだが、自身については平壌に戻って、ソ連軍高級将校と「ねんごろ」になっている日本女性たちと接触することを希望した。ソ連軍は自分を信用しているし、米軍が日本に帰国させてくれない場合は平壌に戻ればよいと言っていたからである。ＣＩＣはこれを許可し、彼女と女性たちが北朝鮮を離れれば日本に帰国させるとの約束を中村はとりつけたのである。

しかし、この記録は表向きのもので、中村本人執筆の身上書(b)は、ＣＩＣが彼女を北朝鮮に送り返したのが諜報活動のためだったことを記している。

- 一九四七年七月三日　北朝鮮技術連盟日本人部の露語通訳を退職（帰国を希望して）
- 同七月一三日　七名の日本人技術者とともに開城《ケソン》到着、米軍中尉で二世の金柿に同行して京城へ移動（興国ホテル）。
- 同七月一三日―二一日頃　ＣＩＣによる調査
- 同七月二二日頃　七名の日本人技術者は釜山港に向けて出発し、私だけ残されたのは何故かと問うと、米軍中尉は、日本はいま米軍の助けのもとに復興しつつあり、ソ連のことを知る必要があるので協力してもらいたいと言った。
- 数日後　私は承諾したが、日本の母の生活保障を条件とした。ホテルに米軍少尉山岡が来て、私に任務を説明した。①北朝鮮軍の状態の把握、②在北朝鮮ソ連軍貿易部（Voentorg）の調査、③ソ連軍の情報、④金マリヤ（朝鮮人と白人の混血）に、在北朝鮮ソ連情報局での任務終了しだい直ちに京城に来るよう伝言すること、であった。

- 同七月二五日　列車で開城へ。開城に迎えにきた自動車で同市のＣＩＣへ。仮眠。
- 同七月二六日　三時頃二人の米軍将校に国境まで送ってもらう。徒歩で三八度線を越える。ソ連軍に調べられたが、北朝鮮にいた時の証明書を見せて平壌到着。ところが、ソ連軍防諜機関に逮捕された。在北朝鮮ソ連軍民政部のイグナートフ大佐による身元保証書を送ってもらい、釈放された。
- 八月二一日　米軍に依頼された任務をほとんど遂行（金マリヤとは二〇日に面会）して、開城に向かうところで逮捕された。北朝鮮スパイ李が証言したようだ（後に李も逮捕）。平壌のソ連軍防諜部に一〇日間留め置かれた。
- 八月三一日　飛行機でウォロシーロフ市に到着。沿海軍管区防諜部で、検事立ち会いのもとスパイ容疑で逮捕されたことを告げられた。
- 一九四八年二月八日　軍事法廷で刑法第五八条第六、一一項により二五年判決を受けた。すでに金マリヤは、自分が南朝鮮のスパイだったと明かしていた。
- 一九四八年六月から四九年一〇月まで　モスクワの刑務所で再三再四の取調べを受けた。
- 一九四九年一〇月　タイシェット特別政治犯収容所に到着。
- 一九五四年六月　帰国させるために四名の日本人女囚とともにハバロフスクへ移送された。
- 一九五六年五月三一日　病気のため帰国させるとの判決を受けた。
- 同年六月九日　舞鶴到着

ここで、中村の行動につき他の文書によって補足しておく。右記の「北朝鮮技術連盟」日本人部は正しくは「北朝鮮工業技術総連盟」日本人部といい、一九四六年一〇月に結成された。日本人技術者は帰国を希望したが、北朝鮮当局（臨時人民委員会、委員長金日成）は経済建設、とくに接収した日本の工場等の稼働・経営に日本人技術者の協力が不可欠との判断から、残留を要請し、ソ連人技術者と同等な待遇、残留期間の四七年四月までの限定等の条件で受け入れさせた。その会長が常塚秀次であった（平壌日本人会会長ではない）。しかし、一九四七年一二月常塚は日本人部の経理問題で逮捕され、ソ連軍防諜部の取調べを受けた。その取調べの四点の一つが「日本人部で使っていたロシア語通訳中村百合子氏が二二年七月（一九四七年七月）に三八度線をこえて脱出し、また北朝鮮に引返してきたこと」であり、CICによる工作とみられたとある。[4]

以上で、中村が北朝鮮から三八度線を越え、京城でCICエージェントになって北朝鮮に送り返されたこと、逮捕の後ウォロシーロフで有罪判決を受けてからモスクワに送られ、取調べを長期にわたって受けた後にタイシェット特別規制収容所に移されたことがほぼ判明した。[5]

第二節　北朝鮮での諜報活動、逮捕・取調べ

中村の北朝鮮潜入と工作、そして逮捕に関しては、本人の「諜報記」(c)が詳しい。それはあたかもスパイ小説のような筋立てと描写であり、多少の脚色もあるに相違ないが、第二五軍防諜機関（赤軍防諜機関の通称スメルシュ＝「スパイに死を」）の当該書類にアクセスできない以上、どの程度まで事実

に近いかの検証は不可能である。

「諜報記」によれば、中村は終戦時に牡丹江にいたが、北朝鮮の清津まで逃げ、ここでロシア語、朝鮮語（とドイツ語）を話せるのを利用して、清津駐屯ソ連軍の通訳になった。そのとき清津視察中のソ連軍民政局長A・ロマネンコ将軍（少将）と知り合い、その党員証を盗み取った。その後平壌の技術者連盟の通訳になると、ロマネンコ将軍を党員証の件で脅しながら民政局はむろん、飛行場や軍病院まで出入り自由の身となった。ソ連に移送された日本人の名簿まで入手した。CICはこれを嗅ぎ付け、すでに見たように中村をエージェントに徴募し、北朝鮮に送り返したのである。その任務は先述した四点だが、条件とした日本の母親の生活保障は、具体的には毎月五〇〇〇円の送金であった。(6)

越境の様子は省略するが、ソ連軍将校の詰問に対しては「帰国途中米軍に逮捕されたが、逃げてきた」という、打ち合わせ通りの釈明でかわした。平壌ではソ連軍「特務機関」（日本の言い方で、正しくは「防諜機関」）の取調べを受けたが、四日間で釈放された。日本人技術部長のT〔常岡〕が接触してきて、北への再来につき詮索されたが、これもかわした。

第一の任務、北朝鮮軍の情報入手は、北朝鮮軍顧問のカルチェンコ大佐の宿舎で果たした。大佐の同棲相手の朝鮮人女性が中村の友人であり、宿舎が北朝鮮軍第一師団長の自宅でもあったことが幸いし、泊まった晩にソ連人顧問・将校の名簿、北朝鮮軍の配置図を入手したのである。翌日、やはり知り合いの北朝鮮軍の主計大尉は、自分の妻のことで中村に恩義を感じていたため、戦力、経理、朝鮮兵のソ連軍顧問に対する感情などを、さらには最近の軍内部のデモ事件まで話してくれた（約三時間で）。

第三の任務、在北朝鮮ソ連軍の情報入手は、軍政局で知り合った人の良いイグナートフ大佐〔正しくはA・イグナティエフ大佐、総務部長〕からであった。二時間くらいの会話でソ連軍の動向が「手にとるようにわかって」きた。ソ連軍に供給されるパンの量の話を尋ねて、軍人と民間人の概数を知ることができた。また、大佐に尋ねて、署名している文書が「休暇で帰る将兵が土産にメリケン粉と砂糖を買った証明書」だという答えから、本国の物資不足を察しもした。「とくに情報と意識しなくとも、正しい判断力さえ身につけておけば普通の会話から、なにごとも知ることができる」という関東軍情報部の教え通りにやったわけである。

第二の任務、ソ連軍貿易部の情報入手は、ソ連生まれの朝鮮人（父が朝鮮人、母がロシア人）の同業者、つまり通訳からであった。中村は、彼が自分に好意を持っていることを利用し、自宅に電話して訪ね、急用ができて二時間ばかり待たされたときに、部屋の机上に翻訳しかけの書類を発見した。その内容は「神の助けというか、偶然というか」自分の求めていたもの、過去一年間の輸出入の品目、額面、搬入方法などであった。半分以上写し終わったところで男が帰宅したが、そこはベッドでの抱擁で切り抜け、翌朝男が出かけた後に残りを写して、その家を去った。

残る第四の任務、金マリヤとの面会、伝言は「なぜか心が進まず」、出発の日に手紙を出すことにした。

こうして任務をほぼ達成した中村は、イグナートフ大佐から南朝鮮までの旅行証明書をもらい、用意された車に乗って三八度線に向かったが、ソ連軍に逮捕された。ある建物に連れて行かれたとき、メモを便所で捨て、気付いた捨て損ねのメモは隙を見て飲み込んだ。尋問では「山田」と名乗り、「中村だ、分かっているんだ」と言う将校と押し問答を続けた挙げ句、朝鮮人から皮バンドで鞭打たれる拷問を受けて失神した。数日後に予審判事から毎日毎晩呼び出されて尋問を受け、朝鮮人でCICエージェントとして逮捕された李と対審させられ、ようやく中村であることを認めた。さらに数日後、衣服を与えられてモスクワ行きを告げられ、飛行機に乗せられた。

飛行機が着陸したのは、訊くと（沿海地方の）ウォロシーロフ市だった。取調べの将校のうち二人は、何とソ連軍民政部で働いていた運転手で、顔見知りだったが、そういう形で情報将校が潜入していたことに驚かされた。彼らは中村に、米軍のほしい情報とスパイ仲間を教えるよう迫った。すでにソ連領に入って帰国の希望がないだけ大胆になっていて、回答を拒んだ。そこで監獄の独房から「人一人がやっと立てるだけの、箱のようなところ」（日本人「戦犯」が回想記で言う「洋服ダンス」）に入れられて失神し、独房に戻っても「精神錯乱」状態になっていた。数日後モスクワ行きを告げられ、まずは列車（急行の一等車）でハバロフスクに向かった。そこで当地の内務省のボス、S・ゴグリッゼ中将から短い尋問を受けたのち、飛行場に向かった。小型機でモスクワに飛んだのである。

ここまでが「課報記」第一―四回だが、重要な点は登録カード、CICの身上書の記述との食い違いである。一九四八年二月に沿海軍管区軍事法廷が中村に二五年の自由剥奪判決を出したはずなのに、「課報記」には記述がなく、それを一般読者向けに書き直した『赤い壁の穴』も判決がモスクワで出されたと記しているからである。(7)

第三節　モスクワ、タイシェット、ハバロフスク

さて、「諜報記」第五回以降と『赤い壁の穴』はモスクワからタイシェット、ハバロフスクを経て帰国するまでの時期を扱っていながら、叙述はだいぶ異なっている。総じて前者の方が具体的かつ時系列的であるのに対し、後者は囚人生活とソ連社会の観察に傾斜しているからである。そこで、本論文では前者に依拠しつつ、後者でも詳しい部分は利用する方法で叙述を進めることにする。

中村がハバロフスクを飛び発ったのが一九四八年九月で、モスクワに着いて最初に入れられたのが内務省のルビャンカ監獄であった。ここで一〇カ月間日曜を除く毎晩取調べを受け、四九年六月にレフォルトヴォ監獄に移された。設備はルビャンカより劣り、湿気の多い陰鬱な重罪犯用の監獄だった。しばらくすると看守も親切になった一方、得体の知れないユダヤ人女囚が中村の独房に入って来て、二カ月ほど過ごした。看守が注意しろと言っていたが、自分でも当局のスパイだと分かった。取調べの終りの段階では、独房でブハーリン夫人（夫の著名な革命家＝党幹部は、一九三八年三月の裁判で有罪判決を受けて銃殺され、本人も「人民の敵」として投獄された）らと知り合いになったというが、どんな会話を交わしたのかは記していない。

ある日（日付の記載がないが、九月か）中村は、おそらく最高裁判所軍事法廷（大佐＝裁判長と陪席判事二人）で、同じく米軍のスパイを働いた廉で起訴された朝鮮人の李とともに、二五年の自由剝奪刑を宣告された（『赤い壁の穴』には裁判の記述がない）。まもなく一〇月に入って雪がちらつき始めた頃、

車でヴォルガ河沿岸の中継収容所に送られ、そこから「特別の列車」（通称ストルィピンカ）でシベリアに向けて移送された。五〇日以上かけて到着した収容所の名は記されていない。[8]『赤い壁の穴』には、中村が入れられたタイシェット収容所第四〇分所（タイシェットから二〇三km、文中の二八〇kmは誤り）の女囚用病院の精神病棟と一一七km地点の女囚用病院が挙げられているだけで、入院していない期間の所在が判然としない。小原豊の回想記に「昭和二十三年に戦犯裁判があり軍事俘虜から囚人に転身した我々が、バムの国事犯ラーゲリ地帯に送られる」ことになったとあるので、[9]政治犯特別収容所は二〇分所（タイシェットから二二〇km）や四〇分所など、点在していたものと見られる。

収容されて六日間与えられたのは湯のみで、長い移送で衰えた体は文字通り骨と皮だけになってしまった。七日目にようやくパンが与えられ、翌日身体検査があった。労働等級を調べるもので、お腹の皮を引っ張るだけで（捕虜は一般に回想記にあるように尻だが、女性だからか）、一―四級とランク付された（三級は軽労働、四級は一日四時間労働か労働免除）。中村は「三、一〇四」という番号をもらった（三級であろう）。仕事は、大きな材木を二人一組で肩に乗せて運んでくることで、六往復がノルマだったが、所長は七往復、八往復と増やしたので、満足に働ける者はいなくなってしまった。『赤い壁の穴』には労働の様子が書いてあり、ある風の強い日に伐採に出て、倒れた木の下敷きになり、相棒のウクライナ人女囚が死に、自分も大怪我をしたことも記されている。「諜報記」に戻ると、ある日便所掃除をして汚物を捨てに行った場所に赤ん坊の死体があった。収容所（第四〇分所）の棟は男女別なので、女囚と監視兵が肉体関係を持った結果だが、いずれも性的欲望が満たされないことにつき、中村は同情的だった。

しばらくして日本人が同じ収容所にいることが分かり、見つけることができた。泰子（冒頭の森妙子、ロシア人名タマラ）とその母（ロシア人マリヤ）で、一九四五年末に樺太から連れてこられたという。三人で助け合い、励まし合う日々が続いたが、まもなく、肉親は同一収容所にいることは認めないというモスクワの方針で、母は別の収容所に移送された。ある日多数の囚人がカラガンダの特別政治犯収容所から移送されてきたが、話を聴くと当局に対するストライキ〔五四年五―六月〕を弾圧されたためであった。少し前のノリリスク収容所でのスト〔五三年五―六月〕も伝えられたが、カラガンダ暴動の結果、囚人に対する待遇は改善された。

収容所の病院では、仲が良かった看護婦の中山ちず子の死を見送った。衰弱していた彼女の死は、「まもなく日本に帰国するためハバロフスクに向けて発つ」と、中村が病院長から言われた翌日のことだった。「おみおつけが食べたいの」が最期の言葉だった。『赤い壁の穴』では、臨終の言葉は「厭ね、死んでしまうのかしら、でもロシア人のくれる黒い服（囚人用）だけは着せないで…おねがいだから」となっている（死亡日は一九五四年七月二八日）。その直前日本へ葉書を出すことが許されたのだが、「楽しく朗らかに生活しています」と書くよう言われたので、出さなかった。九月二一日、ついに列車で発ち、タイシェットに着いた。タマラと再会し、リエ〔冒頭の斎藤リエ〕と出会った。

年月は前後するが、『赤い壁の穴』に書かれたスターリン死去（一九五三年三月五日）に触れておきたい。囚人たちは悲喜こもごもの反応を示し、「殺された」噂が信じられ、まもなくベリヤ処刑、囚人再調査の話も伝わってきた。同書は回想ゆえ、その後に得た情報（例えば、国民のマレンコフへの期待）も混入しているが、次の一文は誇張のないものであろう。「囚人も、又ソ連人殆どといっても過言でないその家族達も、はっきりはしない迄も、何か一縷《る》の希望を其の肉親の者に走らせる様になって行った。」

「諜報記」は、タイシェット到着から一気にハバロフスク到着に飛ぶが、『赤い壁の穴』の囚人生活描写に触れておきたい。印象深い一節が二つある。「囚人になって飢えを感じるのは逮捕直後ではない。捕まった当座は精神的に参り、心の余裕もなく、また今までの充分な食生活から来る栄養のユトリもある故か、余り空腹は感じない。暫くたってからものすごい空腹を感じる様になる。いても立ってもいられない位、そしてその数カ月が過ぎると、体がこの分量になれてしまうのでまた楽になる。」

「強いものの勝つところ、これが収容所だった。…収容所はエゴイストの集まりだった。しかし、そうでない人のいなかったと言うより、そうでなくては、収容所生活の一日も出来なかったことを思う時、結局、エゴイストは一人もいなかったことになる。赤裸々にエゴイスト振りを発揮せざるを得なかっただけに、後くされがなく、美しかったと言っても過言ではないと思った。少なくとも、美しい言葉で、また二重人格でエゴイスト振りをカムフラージュしている一般社会よりは…。」

さてハバロフスク収容所第二一分所は、一三〇〇人の男の中に女が四人入ったので、雰囲気が変わった。男がオシャレになり、四人の女性は大いにもて、リエ子やエミ子はすぐに恋人をつくった。中村も男に言い寄られたり、精神的におかしい老人に「妻だ」と言われたりした。彼女はそれを断りながら「泣ける女より、泣けないだけに悲しい男の人を、強く抱きしめてあげたい」「天皇陛下を忘れ得ない人でも、民主運動にうつつをぬかす人も、所詮、人間なんだ、そして男なのだ」という境地だった。

しかし、当局も男ばかりの中に女性をおく弊害に気付き、四人は女囚専用の収容所に送られた。見送りの中に、かつての民主運動のボスで、ソ連から疎まれ政治犯とされた浅原正基を認めた中村は、こう記している。「自分がいい子になりたいために、人を売り、自分を偽り、そして少しでも働かずに早く帰りたいという利己的な欲望に負けた可哀想な人が、浅原の本当の姿だった」と。

女子収容所（六〇〇人）に入った翌日、ハバロフスク地方の共産党第一書記と内務省地方本部長が視察に来たが、中村は「タイシェットでいよいよ帰国と言われたのに、いつまで囚人生活を続けなければならないのですか」と忿懣をぶちまけた。彼らは「ここでは返事できないが、近い中に帰国できる」と言うのみだった。当局側の幹部は誠意がなかったが、同じく視察に来たユーシキン大佐だけは例外で、二一分所並みに一日一食の米を要求したら、翌日すぐに実現された。『赤い壁の穴』にも同大佐のことが記されているが、彼は内務省地方本部長の代理として、右記中村の質問に回答すべく来訪したのである。なお、同書は「モスコーからの使者」として高良とみ参議院議員の分所訪問につき記しているが、これは一九五二年四月のことで、中村は五五年一〇月の戸叶里子衆議院議員の分所訪問と混同しているようである。

ある日ソ連人女囚が文化部で日本語のラジオ放送を聴いたと教えてくれたので、中村が行ってダイヤルを回すと興安丸の舞鶴入港のニュースが耳に入り、泣けてしまった。この件は日本人の間の秘密としたが、「この次のソビエトからの帰還船は夏の終りか、秋の始めになる予定です」という放送に胸を躍らせ、「今回ダメでも、次は」と期待をつなぎ、「毎日に張り合いが出てきた」。一九五五年八月三〇日舞鶴出港の引揚船では、四十数人が帰り（正しくは三六人で、九月二日舞鶴入港）、自分たちは入らなかったが、彼女は初めて母と弟から小包と手紙を受け取って泣いた。

一二月も五六年三月も引揚船乗船の帰国予定者に入っていなかったが、文化部のラジオで三月の帰還者がハバロフスク事件を報告するのを耳にした。近くにいながら二一分所の男たちの待遇改善のストライキを知らなかったことが悔やまれた。ストは内務省軍が出動して鎮圧されたが、第一の要求が「病弱者、女子たちを帰国させること」だったのを聴いて「心から日本人の温かい心ざし《ママ》を感じた」（正しくは、一二月二〇日付声明書の第三項目）[10]。

五月中旬四人の女性は検査入院の結果「囚人労働には適さない」との診断を下され、ついで（身上書によれば三一日）、釈放決定の略式裁判があった。「重大なる政治犯であるが、時局の推移に伴い、また本人の健康状態を考慮し、本日ここに釈放す」（『赤い壁の穴』）。「時局の推移」とは持って回った表現だが、スターリン、ベリヤによる大量弾圧の見直し、名誉回復が進行中であることを意味している。この判決の二日後、彼女たちは二一分所の男性囚人とともに列車でナホトカに向かった[11]。

『赤い壁の穴』には、日本人女囚の目で見た収容所とソ連社会の観察がある。「縮図の中の人間性」、「ソ連人かたぎ」、「衣食住」、「囚人と性欲」（同性愛も多かった）、「宗教と迷信」、「ソヴェト人の性問題」、「愚連隊はあとを絶たない」、「売春婦・私生児・孤児院」などである。「縮図の中の人間性」からは、先に飢えとエゴイズムに関する一文を引用した。「愚連隊はあとを絶たない」は、囚人社会の独特の秩序、刑事犯が上位に立つ社会、その刑事犯にも身分制がある点を描いている。「彼等〔刑事犯〕にも階級が生まれた。ブラトノイ（ヤクザ）、ツヴェトノイ（ヤクザがかった者）、スーチカまたはスーカ（雌犬のことで、ヤクザの振りをした当局の手先）、ガロドヌィ（食べたくてヤクザの周りに寄ってくる者）

である。

「このヤクザ連中に目をつけたのが、ベリヤ一味だった。彼等を利用して、まず囚人達を手始めに無茶苦茶にしてしまおうという計画は図に当って、ヤクザ連中は彼に協力する様になった。どういう風に最初話を持ちかけたのか判らぬが、本当のヤクザ―ブラトノイを口説くのは困難としても、他のそれに準ずる者達は、大いに積極的に協力した。特に政治犯に対して、このヤクザ連中は腕力をふるった。収容所内では、殺人が平然と行われる様になった。陰の力を得たこのヤクザ連中は、絶対に作業に行かなかった。朝から夜まで、盗んだ品物を看守を通じて売り、酒を買い、トランプ、バクチにふけった。ヤクザを敵にしては、看守も一日とて収容所では勤まらないので、いつの間にか、看守達もヤクザ達のいい仲間になり、おこぼれ酒に酔う様になって来た」…。ソルジェニーツィン『収容所群島』を髣髴《ほうふつ》とさせる記述であり、のちに内村剛介が描いた囚人社会、ヴォール（泥棒）の支配する社会を先取りしている(12)。

おわりに

以上見てきたように、中村百合子は一一年の抑留を生き抜いた強い女性だった。女囚たちの奔放な性欲を、結婚生活をろくにしないうちに夫を失った自分の性欲をも肯定し、この点での男の弱さを指摘しながら、そして囚人のエゴイズムをさえ肯定しながら生き抜いた強さである。エゴイズムの肯定という点では、石原吉郎が敬愛してやまなかったペシミスト鹿野武一の対極に位置したと言ってもよい(13)。しかも、中村は冷静な観察者でもあった。それは関東軍情報部に勤務した経験に基づくものであるとともに、有罪判決後は「もう帰れない」と覚悟を決めた落ち着き、開き直りに因るものでもあった。

それにしても、有罪判決を受けた時期と場所の食い違いはどう説明されるか。ウォロシーロフで予審の決定（起訴）があり、モスクワのルビャンカ及びレフォルトヴォ監獄で、さらなる取調べの後に最高裁軍事法廷による有罪判決を受けたとみるのが合理的であろう。これは連邦保安庁中央公文書館の個人文書でも発見しない限り（それは目下アクセスできない）、確定はできない。

長期抑留者の多くは職業軍人であり、軍人の誇りと「大和魂」を支えに抑留生活に耐えたが、この点で中村は異色の存在であり、帰国後が注目されるのだが、実はまったく消息不明になってしまう。『赤い壁の穴』の著者略歴には、現在（一九五六年一二月）訳業に従事としか書かれていない。同書刊行直後に「赤いジャム」という一文で、ハバロフスク第二一分所で浅原に、病人も働かせるのはおかしいから当局に申し入れてほしいと言ったのを「働けるのにグズグズ言っているだけだ」と断わられた（従って、中村が政治部員に申し入れた）点を厳しく批判し、そんな「民主グループ」が抑留者に相手にされなかったのも当然だと書いたのが、最後だと思われる。[14]

当時ロシア語翻訳に従事していた人に消息を尋ねたが、「知らない」とのことだった。中村がどこでロシア語を学んだのかを追究し（ハルビン学院関係者の何人かに尋ねたが、不明）、彼女の帰国後の足跡を辿ることを今後の課題としたい。

註

（1）中村百合子『赤い壁の穴』武蔵野書房、一九五六年一二月。国会図書館に一九五七年、第四版がある。

（2）出典はここに記せない。尋問は二四項目からなり、カード作成は一九五一年八月二二日とあるので、タイシェット特別収容所においてだった。一九五六年六月六日付証書に基づき、身柄をナホトカで日本赤十字社代表サトウシンイチ、北斗丸船長タナカゲンゾウに引渡すというスタンプがある。

（3）NARA（National Archives and Records Administration）, RG319/Stack270/84/01/01 Entry（A1）134B IRR Files, Box 548. このうち(d)は、著名な漫画家近藤日出造によるインタヴューだが、(b)に加える情報はわずかに、中村文雄との結婚が一九四四年六月、その一週間後に文雄が召集されたことくらいである。近藤の質問を巧みにかわして、自分がどういう諜報活動をしたのかには答えていない。なお、生年月日は(b)では一九二三年一月二五日、(d)では一二月二七日、広島高女の卒業が(d)では一九三九年、『赤い壁の穴』では一九四〇年になっている。ちなみに、(d)は『週刊読売』一一月一一日号の英訳である。

（4）森田芳夫『朝鮮終戦の記録――米ソ両軍の進駐と日本人の引揚』巌南堂書店、一九六四年、七九一頁。

（5）特別規制収容所は、一九四九年二月二一日のソ連最高会議幹部会令「流刑期間を終了した特別に危険な国事犯を遠隔地に移住させる件」に基づく閣僚会議決定により、コルィマ、ノリリスク、ヴォルクタ、カラガンダ等五カ所に設置され、やがてタイシェット等都合一一カ所に増設された。Rossiia XX vek. Dokementy. GULAG 1917–1960. Moskva, 2000. s. 135–137.

（6）ちなみに、一九四八年の都市勤労者世帯の収入（月平均）は一万一二九円だった。

（7）『日本週報』は国会図書館で閲覧できる。「諜報記」は一九五六年一一月二五日、一二月五日、一五日、二五日、一九五七年一月五日、一五日、二五日、二月五日、一五日、二五日の一〇回連載だった。

（8）バム（バイカル・アムール）鉄道のタイシェット・ブラーツク間は一九四七年の革命記念日（一一月七日）に開

通していたが、鉄道の保線・修繕に、また燃料・枕木用の木材切り出しに労働力が必要だった。なお、囚人列車は旅客列車のような定時運行をしないため、日数から走行距離を割り出すことはできない。なお、バム鉄道と沿線収容所の地図は、『捕虜体験記』Ⅶ「タイシェト・イルクーツク篇」一九八五年、一二一―一五頁。

(9) 朔北会編『朔北の道草――ソ連長期抑留の記録』二七三頁。

(10) ハバロフスク事件については以下を参照。小林昭菜「ハバロフスク事件考――石田三郎の回想とソ連公文書史料を基に」『ユーラシア研究』第四八号（二〇一三年五月）、一四―一九頁。「ハバロフスク事件関係文書」、前掲『シベリア抑留関係資料集成』七七六―八〇三頁。

(11) このとき帰国しなかったのが吉田明男である。第六分所の日本人捕虜代表を務めたが、アクが強く、女性関係も多く（中村も言い寄られた）、自ら残留の道を選んだと、前出の小原が記している。のちに、日本人遺族のハバロフスク墓参のさい案内役を務めることになる。

(12) 内村剛介『生き急ぐ――スターリン獄の日本人』三省堂、一九六七年。

(13) 富田武「石原吉郎――抑留を二度生きた詩人の戦後」テッサ・モーリス＝スズキ編『ひとびとの精神史　第二巻　朝鮮の戦争　一九五〇年代』岩波書店、二〇一五年、二三九―二六四頁。本書第三章に収録。

(14) 今立鉄雄『日本しんぶん――日本人捕虜に対するソ連の政策』鏡浦書房、一九五七年一月、二七四―二八〇頁。

第三章　石原吉郎——抑留を二度生きた詩人の戦後

はじめに

抑留体験者のうち少なからぬ人々が回想記を残しているが、うち石原吉郎の詩とエッセイは、文学の世界で高い評価を受けてきた。一九五三年帰国後、六四年詩集『サンチョ・パンサの帰郷』でＨ氏賞、七三年『望郷と海』で藤村記念歴程賞を受賞した。七七年に急死したが、専門誌『詩学』は追悼特集を組み、まもなく『石原吉郎全集』が刊行された。

石原の作品は、飢えと寒さと重労働を描いた私的回想でもなければ、スターリンの収容所と共産主義、あるいは日本帝国の棄民棄兵を批判した社会的メッセージを意図してもいない。高杉一郎『極光のかげに』（一九五一年）のような冷静な観察に基づく天皇制軍隊とスターリン収容所に対する批判とも、内村剛介『生き急ぐ——スターリン獄の日本人』（一九六七年）のように収容所社会のロシア的特徴を活写した作品とも異なっている。石原は抑留体験にこだわり、そのときの感性と心境を帰国後も大切にして詩やエッセイに表現した。痛々しいまでに内省的な、自虐的とさえも言える精神を指して、筆者は「抑留を二度生きた詩人」と呼んでいる。

むろん、世代と経歴の差による違いもあろう。抑留体験者の多数が赤紙召集の、従って敗戦の年に二〇歳前後の若者だったのに対し、石原は一九一五年生まれ、職業・軍隊経験もあった。しかし、高杉（一九〇八年生まれ）のように「大正デモクラシー」を知った知識人（『改造』編集者）とは異なる。経歴としては、大学（東京外国語学校）時代にマルクス主義とエスペラントを学び、文芸部でも活動し、卒業後にキリスト教に帰依しながら陸軍に応召、露語教育隊を経て一九四一年渡満、諜報機関に勤務した。内村（一九二〇年生まれ）もハルビン学院でロシア語を学び、同じく諜報機関に、但し他の職業を経ずに勤務している。内村の石原評は手厳しいが、先輩石原の中に自分を見るような一面もある（細見和之）。

第一節　石原の帰国——詩作と心境

石原は一般の抑留体験者とは違って、諜報機関の前歴ゆえにスパイ罪の有罪判決を受け、抑留が長期に及び、帰国が一九五三年一一月末になっただけではなく、その長期抑留者の中でも際立っていた。帰国前のハバロフスク収容所ではアムール句会にも加わり（主催者が辺見じゅん『収容所から来た遺書』の主人公、山本幡男）、学生時代に感銘した北條民雄の『癩院受胎』を戯曲化し、上演に供したが、あまり人と交わらなかった。帰国後は長期抑留者団体「朔北会」の会員にはなったが、活動には加わらなかった。たしかに、抑留者たちにはアルバイトなど仕事の世話をしてもらったが、しだいに距離を置き、交友は詩人の結社仲間だけと言ってよかった。

図9　帰国した石原吉郎
1953年12月，品川駅に到着直後の石原吉郎。（出典：『石原吉郎全集Ⅲ』1980年，花神社）

詩の世界には「サンチョ・パンサの帰郷」でデヴューし（一九五五年四月）、「葬式列車」、「五月のわかれ」（鹿野武一追悼）、「忘れるものか」「その朝サマルカンドでは」など、抑留にかかわる詩を発表した。しかし、帰国後三年間は「混乱期」、「極端な疎外感に悩まされた時期」で、五六年一月一日の日記には「帰還以来の日記を全部焼却した」とある。そもそも「疎外感」は帰国直後から味わっている。舞鶴駅から到着した品川駅で「速度というものに、まず私はおびえなければならなかった。なんのためにこれほどの速度を必要とするのか、私にはほとんど理解できなかったのである」。デヴュー作のタイトルが、違和感を持つ社会に抗う自分をドン・キホーテの従者に模したものであることは言うまでもない。

最大のショックは、五四年一月に郷里の伊豆に帰ったとき、親類から受けた冷たい仕打ちであった。抑留によって自分なりに戦争の責任を果たしてきたつもりなのに、①アカでないことを示してほしい、アカなら絶縁する、②親代わりになってもよいが、あくまで精神的にである、③祖先の供養をすべきだ、と言われた。「完全に忘れ去られたと思っていた私たちを、世間は実は決して忘れてはいなかったのだということを、はっきり思い知らされる日」だったのである（「肉親へあてた手紙」、五九年執筆、六七年発表）。

おそらく、このあたりの錯綜した気持の現れが、朔北会の関係で今立鉄雄『日本しんぶん――日本人捕虜に対するソ連の政策』（一九五七年一月）に掲載された、石原にしては珍しい告発調の詩「忘れるものか」であろう。

忘れるものか

忘れるものか　白樺の
丘のはてから　はずれまで
雪にうもれて　もの云わず
白い墓標の　つづく道
そのちちはは　知らぬ日に
暗い権威の　手に追われ
闇から闇へ　消え果てた
ああいけにえの　幾柱《いくはしら》

忘れるものか　バイカルの
黝《あおぐろ》い波たつ　氷点下
凍るとばりの　そのかげで

僕を見ている　君の目を
誰がその目を　呼びかえす
遠い吹雪の　地平線
おき忘られた　韃靼《だったん》の
ああ犠牲《いけにえ》の　十余年

忘れるものか　はらからの
遠いなげきの　むせぶ声
幾山河《やまかわ》を　へだてても
父祖へつながる　そのいのち
やぶれし国の　おきてゆえ
うらみは述べぬ　朔北へ
一人たりとも　死なしむな
ああ同胞《はらから》の　きみたちを

第二節　抑留を追体験するエッセイ

「帰国直後の精神的な混乱とアンバランス、そしてそれに当然付きまとう失語状態から曲りなりにも抜け出すことができたのは、私に〈詩〉があったからだと思います。その後、私が散文を書き出すまでの十五年程の期間は、外的な〈体験〉を内的に問い直し、それから問い直す主体とも言えるものを確立するための、言わば試行錯誤の繰返しであったということができます。…」こうして、石原は一九六九年から三年程の間に「確認されない死のなかで」、「ある〈共生〉の経験から」、「ペシミストの勇気について」、「沈黙と失語」、「強制された日常から」、「望郷と海」、「弱者の正義」など、抑留体験にかかわるエッセイを発表し続けた。

石原は、一九四五年一二月、諜報機関員ゆえソ連内務人民委員部にハルビンで拘束され、貨車で輸送され、翌年一月末にカザフ共和国南部のアルマ・アタ（首都）に到着、第四〇収容所第三分所に収容された。この冬は例年より寒さが厳しかったが、慣れない日本人にはよけいこたえたという点で、すべての回想が一致している。中央アジアはそう寒くはないと思うのは誤解で、内陸性気候ゆえ寒さが厳しいうえ、ブランという雪嵐があった。収容所側の準備も整っておらず、抑留者は食糧不足に苦しんだ。食事は日に三回、黒パン三五〇グラム（三回分）と薄い野菜スープまたは穀物粥（カーシャ）で、とても重労働には足りなかった。黒パンは兵舎内のブロックごとに渡されるので、平等に切り分けられるかに最大の関心が集中し、抑留者たちがギラギラした眼で監視する様子は、吉田勇の絵「食糧の分配」でよく知られている（図10）。スープまたはカーシャは、飯盒を携行した兵卒でない場合は、二人一組で二つの空き缶に注がれたが、そこでも平等かどうかの監視があった。

石原はこれを「食缶組」と呼んで、平等と相互不信の背中合わせが、収容所内部の人間関係の特徴だと指摘している。「私たちは、ただ自分ひとりの生命を維持するために、しばしば争い、結局それを維持するためには、相対するもう一つの生命の存在に、『耐え』なければならないという認識に徐々に到達する。」「この不信感こそが、人間を共存させる強い紐帯」であり、「孤独とは、けっして単独な状態ではない。孤独は、のがれがたく連帯のなかにはらまれている」のである。それを石原は、ヤドカリとイソギンチャクの関係に擬して「共生」と呼んだ（「ある〈共生〉の経験から」）。

食事をめぐる生存競争が、隣でいつの間にか死んでいた仲間から隠し持っていた（三食に分けるため）パンを失敬し、さらには死んだ仲間の衣服を剝いで売ってパンに替えるといった「餓鬼道への転落」に至ることが記された回想記は少なくない。この生存競争は、帝国軍隊の階級制度が温存されたことによって、さらに、階級制度が「民主運動」で解体された後にできた委員会秩序とノルマ給食制度によって強化されたのだが、石原はそれに言及してはいるものの（「強制された日常から」で）、糾弾するのではなく、あくまで「抑留生活の人間関係」の省察に徹したのである。

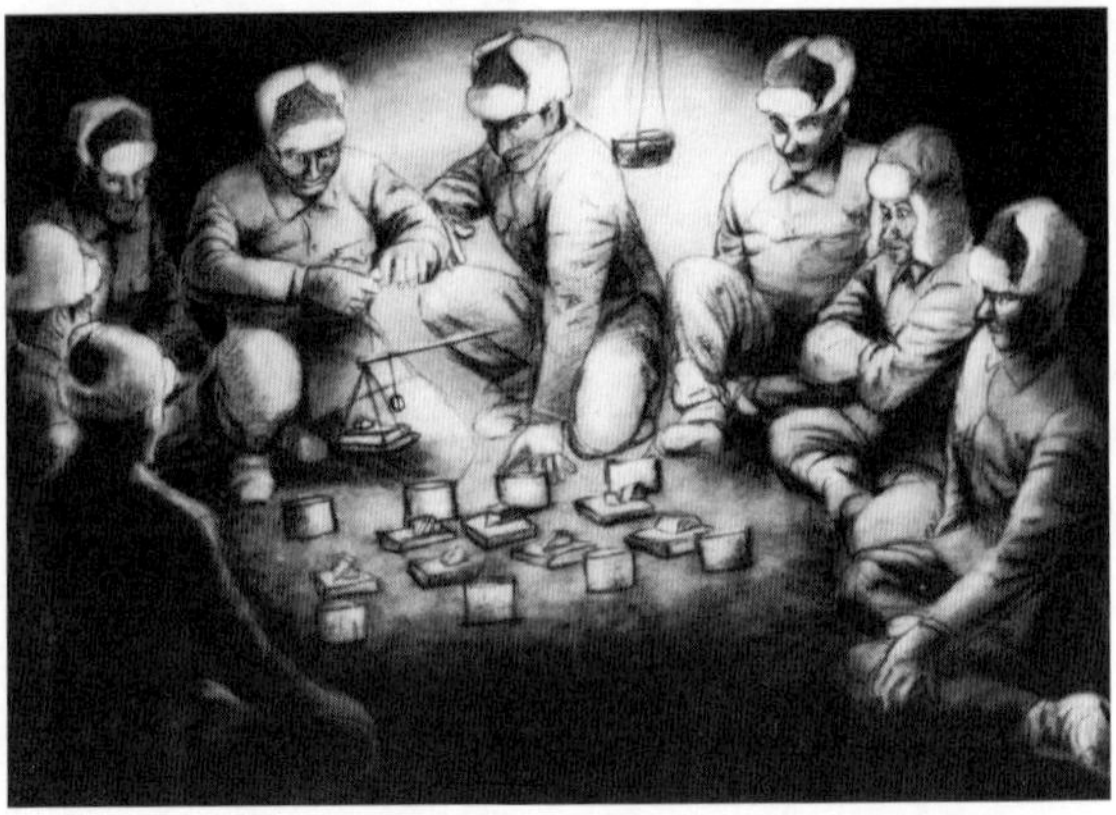
図10　吉田勇「食糧の分配」（舞鶴引揚記念館蔵）
（出典：『画集　一兵士のダモイへの道』新風書房）

石原は一九四八年八月、同じカザフ共和国北部のカラガンダに移送された。第九九収容所第一三分所であり、同じ頃かの菅季治が第一一分所で通訳をしていた（のちに「徳田要請事件」の証人として国会に喚問され、自殺した）。第一三分所には、ソ連国防軍中央アジア軍管区軍法会議の出張法廷が併設されており、ここで石原は四九年二月ロシア共和国刑法第五八条第六項（スパイ罪）の嫌疑で起訴され、四月に自由剝奪・重労働刑二五年の最高刑を宣告された（死刑は四七年に廃止）。証拠調べも弁護人も、本人弁論もない名ばかりの裁判である。まもなくカラガンダ第二刑務所に移された。

石原はこれを不当な判決と受け止めるよりは、「故国へ手繰られつつあると信じた一条のものが、この瞬間にはっきり断ち切られた」と感じた。刑務所に収監されたとき、「故国に忘れられる」恐怖を覚えた。「故国の命によって戦地に赴き、いまその責めを負うているものを、すみやかに故国は呼び返すべきである」のに、捨て去られるかもしれないという恐怖である（「望郷と海」）。

石原は八月初めに、刑務所から別の収容所に移ったとき、露語教育隊の同級生だった鹿野《かの》武一とめぐり会った。バラックの鹿野に声をかけたら、出てきて「きみには会いたくなかった」と言われた。一週間ほどして、今度は鹿野が自分のバラックにやって来て、詫びた後に「もしきみが日本に帰ることがあったら、鹿野武一は昭和二十四年八月×日［この日］死んだとだけ伝えてくれ」と言い残して出て行ったという（「ペシミストの勇気について」）。

石原は、九月に他の囚人（受刑者）とともに、バム鉄道（バイカル・アムール鉄道、当時敷設中）地帯へ、ストルィピンカと呼ばれる囚人護送車（帝政末期の首相で革命運動を弾圧したストルィピンに由来）で移送された。ストルィピンカは、三日分まとめて与えられた黒パンと塩鱒を、悪質な囚人（刑事犯）に奪われないよう乗車前に食してしまうので、食べ過ぎで下痢を起こすうえ、三日も食事抜き、しかも塩鱒で喉が渇くので辛い移送だった。車内は排泄し放題で、不潔極まりなかった。しかし、こうした劣悪な処遇にも、生き残るためには適応せざるを得ず、人間として確実に「堕落」していくのであった。ストルィピンカは、詩「葬式列車」が描いている。

葬式列車

なんという駅を出発して来たのか
もう誰もおぼえていない
ただ　いつも右側は真昼で
左側は真夜中のふしぎな国を
汽車ははしりつづけている
駅に着くごとに　かならず
赤いランプが窓をのぞき
よごれた義足やぼろ靴といっしょに
まっ黒なかたまりが
投げこまれる
そいつはみんな生きており
汽車が走っているときでも

みんなずっと生きているのだが
それでいて汽車のなかは
どこでも屍臭がたちこめている
そこにはたしかに俺もいる
誰でも半分はもう亡霊になって
もたれあったり
からだをすりよせたりしながら
まだすこしずつは
飲んだり食ったりしているが
もう尻のあたりがすきとおって
消えかけている奴さえいる
ああそこにはたしかに俺もいる
うらめしげに窓によりかかりながら
ときどきどっちかが
くさった林檎をかじり出す
俺だの　俺の亡霊だの
俺たちはそうしてしょっちゅう
自分の亡霊とかさなりあったり

はなれたりしながら
やりきれない遠い未来に
汽車が着くのを待っている
誰が機関車にいるのだ
巨きな黒い鉄橋をわたるたびに
どろどろと橋桁が鳴り
たくさんの亡霊がひょっと
食う手をやすめる
思い出そうとしているのだ
なんという駅を出発して来たのかを

ストルィピンカは、イルクーツク州のタイシェット（バム鉄道西の起点）に到着した。そこの中継収容所で石原は鹿野と再会したが、ほとんど話さなかった。「鹿野と私の絶対の相異は、私がなお生きのこる機会と偶然へ漠然と期待をのこしていたのにたいし、鹿野は前途への希望をはっきり拒否していたことである」（「ペシミストの勇気について」）。ストルィピンカはタイシェットでさらに受刑者を加えて東進し、石原たちはコロンナ（受刑者用小収容所）33に入所した。ここでは木材伐採に従事したが、真冬はマイナス五〇度にもなる寒さはこたえたに違いない。

石原は、ここでの一年間が八年の抑留期間を通じて「最悪の期間」だと回想するとともに、自分がようやく鹿野のペシミズムに到達し得たと述べている。「生きる」という意志は「他人よりもながく生き残る」発想にしかなり得ないのであって、その意志を断念してペシミストになることほど勇気のいることはない。鹿野は、囚人が組まされる五列の隊伍において必ず外側に位置したが、それは、わずかによろめいただけでも撃ち殺される危険のある外側を選び、誰もが争って入る内側を譲る行為に他ならない。誰もが、生き残りためのどんな小さな可能性も、他人を蹴落としてでも手に入れ、その都度安堵するような状況における「ペシミストの勇気」である（「ペシミストの勇気について」）。なお、この頃の詩に「雲」がある。

雲

ここに来てわれさびし
われまたさびし
われもまたさびし
風よ脊柱をめぐれ
雲よ頭蓋にとどまれ
ここに来てわれさびし
さびしともさびし
われ生くるゆえに

石原は伐採期間終了とともに、一九五〇年四月コロンナ30に移動、流木、土工、鉄道工事、採石などに従事した。九月に沿線一帯のドイツ人及び日本人受刑者はタイシェットに戻り、ドイツ人は西送、日本人は東送されてハバロフスクに向かった。石原は、第一六収容所第六分所に収容された。ここで、八時間の労働と、日に三度の平等な食事により健康が回復過程に入った。しかし、肉体の回復に精神の回復が追いつかなかった。「精神の恢復は、まずなによりもその痛みの恢復である」し、それは個々人の営為である。「同じ釜の飯を食った」被害者という安易な連帯感によって、バム地帯で体験した「人間の根源にかかわる一切の問いから逃避」してはならないのであった(「強制された日常から」)。

一九五二年五月メーデーの日に、鹿野は突然絶食を始めた。四日目に石原が自分も絶食すると言って作業に出かけたが、帰ると鹿野が一緒に食事をしようと申し出た。鹿野が話したところによれば、前日の公園清掃・補修作業にかり出された日本人受刑者にハバロフスク市長の令嬢が自宅から食物を取り寄せて手渡したことが衝撃だったというのである。石原は「このような環境の中で、人間のすこやかなあたたかさに出会うくらいおそろしいことはなかったにちがいない」と記しているが(「ペシミストの勇気について」)、利他的な行為は、自分の生き残りの希望さえ捨てたペシミストにしかできないと思っていたのに、そうでない普通の人にもできることを知ったという意味であろう。

石原の帰国は、日本軍将兵と民間人を抑留して強制労働に就かせた最高指導者スターリンの死を転機とした。一九五三年三月五日スターリンが死去し、日ソ間にも緊張緩和が生まれ、一〇―一一月に両国赤十字社間で長期抑留者の送還に関する協定が結ばれ、送還第一陣が興安丸で帰国したのである(一二月一日)。石原がユーラシア大陸の奥地にあって思い描いた祖国は海の向こうであり、望郷とは海への想いに他ならなかった。詩「陸軟風」がそれである。この詩が『展望』に掲載されたとき「東シベリヤ・カラガンダ第二刑務所にて」というサブ・タイトルが付されていたが、それは「故国に忘れられる」恐怖を感じたときに他ならない。

陸軟風

陸から海へぬける風を
陸軟風とよぶとき
それは約束であって
もはや言葉ではない
だが　樹をながれ
砂をわたるもののけはいが
汀《みぎわ》に到って憎悪の記憶をこえるなら
もはや風とよんでも
それはいいだろう
盗賊のみが処理する空間を
一団となってかけぬける
しろくかがやく

あしうらのようなものを
望郷とよんでも
それはいいだろう
しろくかがやく
怒りのようなものを
望郷とよんでも
それはいいだろう

だが、いざ帰国、興安丸に乗ったとき、石原は「海を見ることが、ひとつの渇仰《かつごう》である時期はすでに終わりつつあった」と感じた。「これがあの海だろうかという失望とともに、ロシヤの大地へ置き去るしかなかったものの、とりもどすすべのない重さを、そのときふたたび私は実感した。その重さを名づけるすべを私は知らないが、しいて名づけるなら、それは深い疲労であった。」多くの抑留者に見られた帰国の喜びはなかったのである。

第三節　収容所における失語と自由

このように、石原はエッセイを書くことによって抑留を追体験した。それどころか、「ぼくにとってシベリア抑留体験が始まったのは帰ってきてから」だとさえ述べている。執筆の動機は、突き詰めれば鹿野の存在と死去であった。同じ船で帰国した鹿野は、一九五五年三月に病死した。「いまにして思えば、鹿野武一という男の存在は私にとってかけがえのないものであった。彼の追憶によって、私のシベリヤの記憶はかろうじて救われているのである。このような人間が戦後の荒涼たるシベリヤの風景と、日本人の心のなかを通って行ったということだけで、それらの一切の悲惨が救われていると感ずるのは、おそらく私一人なのかもしれない」（「ペシミストの勇気について」）。

のちに妹の鹿野登美への手紙でこう書いている（一九七二年）。「あの文章は、帰国後十五年ほど経て書いたものです。それまで私は、自分の体験についてはとても書けないと思っておりました。ただ、鹿野君については、シベリヤの環境で、例外的な生き方をつらぬいた日本人としての証言をのこす義務のようなものを感じておりました。…」

他方、登美は返書で武一の手紙を紹介している。「ソ連にいた時、一つの立場をとろうとしたのですが、自分が余りにも非政治的な性格を持つことを思ひ知ったので、政治的な立場からは自分は〝脱落〟したのです。自分は〝人間性〟には政治的な立場をはなれて人間の〝真実〟があり、それによって人と人とが相結び得るとラーゲルで考へてゐました。しかしそれが不可能なことは菅さんの死がよく説明してゐると思はれます。…」「あの厳しい生活条件―人間をすっかり裸にしてしまうと思はれる捕虜生活の中でも自分は虚栄の皮をかぶった、ポーズをもった人間だった」と。鹿野が帰国してから変わったのか、そう振る舞ったのか、いずれにせよ、石原の鹿野像とは異なっている。

ここで、あらためて石原の抑留生活観を整理しておきたい。そのために、右エッセイが、鋭いとはいえ抑留生活のそれぞれの部分を描いたものであることに留意し、のちの講演ながら全体像を描いた

「強制収容所の一日」を素材とする。一九七五年という晩年に、早稲田大学の学生向けに平易に説いたものである。

講演は「強制収容所〔石原が有罪判決により入った刑事犯・政治犯用の矯正労働収容所〕では一年以上の時間の感覚はありません」という印象的な言葉で始まり、起床、朝食、点呼と身体検査、作業現場での労働（冬場は森林伐採／一時間に一〇分、正午に一時間の休憩、但し昼食なし）、帰営して点呼と身体検査、夕食、そして就床という日課を紹介している。食事のさいの醜い争いと乞食根性が指摘される。「人間は、あるところでこらえていると何とか体が持ちますが、その限度を越すと体ががたがたになってしまう。それはもう何でもかんでも口に入れるようになってしまう。ゴミ箱をあさったりするようになってしまう。」

食事に限らず「囚われ人として人間の醜さが、日常いたる所に出てきました。それは仕方ないし、自分だって同じです。強制収容所の特徴は、結局、可能性というものについてはあらゆる者が平等だということです。密告する可能性とか、人の物を盗む可能性とか、怪我をする可能性とか、完全に平等で、偶然それから逃れているにすぎない。」「良心とか人間らしさとか、そういうモラリティはないわけです。」「収容所という所は人間に対してお互いを見る眼が意地悪いですから、絶対に同情しません。…人間に対しては絶対に冷酷です。…強制収容所の中では自分一人で生きていくしか仕方がないわけです。私たちは収容所という制度の中で自分を守ると同時に、同じ囚人に対しても自分を守るわけです。…ですから隣人に対してとても冷酷になるし、信用しなくなります。みんな徹底したエゴイストになります。」「ただそういうことを苦しいと感じる感覚が麻痺していますから、それで助かっているわけです。生の感覚で収容所へ行ったらやはり気がふれてしまいます。物を考えない、考える力がないということが囚人を救っているわけです。」

石原は講演を「夜眠っている時が、私たちにとってもっとも幸福な時でした」という言葉で締めくくっているが、それはナチ労働戦線指導者ロベルト・ライがナチズムの全体主義的性格を誇って語った言葉「眠ることのみが私事である」を想起させる。石原は帰国後しばらく経ってから翻訳されたV・フランクルの『夜と霧――ドイツ強制収容所の体験記録』を読んで深い感銘を受けたが、この講演でも精神病理学者である著者の言葉「強制収容所症候群」を用いている。詩「終りの未知」（一九七一年）のタイトルも、この著作に由来している。

石原が『夜と霧』に共感したのは、ナチ絶滅収容所とソ連強制収容所との違いをどの程度まで認識していたかは別として、囚人の人間としての堕落の過程が自分の体験と合致したからだと思われる。「苦悩する者、病む者、死につつある者、死者―これらすべては数週の収容所生活の後には当たり前の眺めになってしまって、もはや人の心を動かすことができなくなるのである。」「この、ただ生きるということが、自分のそしてお互いの唯一の目的であったのだ。囚人たちが労働場から収容所に夕方精根尽き果てて帰って来て、典型的な深い溜息と共に『さて、また一日が過ぎた』と叫ぶのをいつも聞くことができたのである。」「囚人は考えられない程の劣悪な栄養不足に悩まされねばならなかったから、当然のことながら収容所における『低下した』精神生活の原始的衝動性のうちでは食欲が中心になった。」「生命維持という最も原始的な関心に役立たないすべてのものの価値がなくなった…あらゆる精神的な問題、あらゆる高次の関心の減退を惹き起した。一般的に収容所においてはいわば文化的な冬眠が支配していた。」「かつての収容所囚人の体験の報告や談話が一致して示していることは、収容所において最も苦しいことは囚人がいつまで自分が収容所にいなければならないか全く知らないという事実であった」（終りの未知！）。

おそらく石原が最も共鳴したのは、フランクルがこうした収容所の外的強制と内的惰性のもとで他の、人間的な生き方ができるかと問い、然りと答えた点である（「告発の姿勢」と「被害者意識」からの離脱にも共鳴した）。「元来精神的に高い生活をしていた感じ易い人間は、ある場合には、その比較的繊細な感情素質にも拘らず、収容所生活のかくも困難な、外的状況を苦痛ではあるにせよ彼等の精神生活にとってそれほど破壊的には経験しなかった。なぜならば、彼等にとっては、恐ろしい周囲の世界から精神の自由と内的な豊かさへと逃れる道が開かれていたからである。かくして、そしてかくしてのみ繊細な性質の人間がしばしば頑丈な身体の人々よりも、収容所生活をよりよく耐え得たというパラドクスが理解され得るのである。」

しかし同時に、石原は、フランクルの言う「精神の自由」が成り立ち得るのかという問いを突きつけている。「一般に囚人は、現在の実感については語らない。現実が決定的に共有されているとき、それについて語ることの意味はうしなわれる。そこで人びとは、言葉で話すことをやめるだけでなく、言葉で考えることをすらやめる。一日の大部分がいわば条件反射で成り立っている生活では、思考の自立の誘因となる言葉から、人びとは無限に逃避するだけである」（「沈黙と失語」）。それが「失語」であるが、他人とのコミュニケーションの喪失のみならず、自己内対話の喪失をも意味している。別のところで「ことばは結局は、ただ一人の存在である自分自身を確認するただ一つの手段である」とも述べているからである（「失語と沈黙のあいだ」）。そのような「失語」状態では「精神の自由」が成立しないのではなかろうか。

そのコミュニケーション断絶、「失語」の状態を石原は「寂寥」と呼ぶ。「孤独ではない。やがては思想化されることを避けられない孤独ではなく、実は思想そのもののやすらぎであるような寂寥である。私自身の失語状態が進行の限界に達したとき、私ははじめてこの荒涼とした寂寥に行き当った。衰弱と荒廃の果てに、ある種の奇妙な安堵がおとずれることを、私ははじめて経験した」（「沈黙と失語」）。

フランクルの言う「自由」は明解で、内村も、囚人は物理的・肉体的には拘束されているが、精神的には自由であり、監視している側こそ実は隷従していると語っているが、石原の「自由」はさほど明解ではない。晩年の講演「『自由』について」では（一九七五年）、「シベリアの強制収容所という環境での自由ということは、ある一点にある姿勢で立つということ」だと語っているが、これまでの文脈からして、収容所の外的強制はむろん、内的惰性にも従わずに生きるという意味であろう。世の中で安易に語られる「生温い自由」ではなく、「絶対的な自由」「苛酷な自由」であり、「人間の根源的な孤独、ある寂寥というものにもつながっていきます」とも述べている。しかし、「失語」の果ての「寂寥」に「自由」を見出すことは難しい。

石原はまた、小文「聖書とことば」で（一九七五年）、こう書いている。「帰国後しばしば私は、シベリアで信仰が救いになったかとたずねられた。実は信仰というものがそのような、危機に即応するようなかたちで人間を救うものでないことを痛切に教えられた場所こそシベリアであったと、すくなくとも私にかぎっていえそうな気がする。」およそ石原のような無教会派的キリスト者にとって聖書を持たない（持てない）収容所での信仰維持は考えにくく、ましてや「失語」状態では「神との対話」（自己内対話）も成立しなかったはずである。フランクルがナチ収容所で目撃した、「文化的冬眠」の中でも維持された宗教的関心の現れ＝祈りの感動的な場面は、石原については想像できない。

第四節　石原の見た戦後日本社会

すでに見たように、石原は肉体の回復と精神の回復のアンバランスを感じながら、舞鶴港に降り立った。「僕にとってこれまでついに始まることのなかったもの――それはたぶん生活というものであったかもしれないが――それは、これからも始まることはないだろう。舞鶴へ着いた最初の夜、僕は勝手にそう考えた。僕は働くのがいやだった。栄養失調と動物的な恢復をせわしなくくりかえして来た僕の躰は、労働というものを本当に憎んだ」（「こうして始まった」一九六〇年）。さらにのちには、帰国後三日か四日の思い出を日記に「人を押しのけなければ生きて行けない世界から、まったく同じ世界へ帰って来たことに気づいたとき、私の価値観が一挙にささえをうしなったのである」と書いている（七四年一月二一日）。戦後復興を急ぐ社会が競争社会であり、エゴイズムの横行する世界だと知り、収容所生活と変わらないと実感したのである。

そこで、石原は定職に就くことなく、ラジオ東京のアルバイトでも、自分のテキパキした仕事ぶりが他人から仕事を奪う結果になったと知って、約半年で辞めてしまった。ようやく一九五八年、収容所時代の友人の世話で社団法人「海外電力調査会」に臨時職員として就職、六二年には正規職員になっている。ソ連の電力事情などをロシア語文献の翻訳により紹介する仕事だが、『海外電力』に掲載された訳文は実に几帳面である。一九六四年にはカンボジアに出張もしている。六六年の友人への手紙にはこうあった。「三月一日からまた出勤しています。そして以前よりも仕事の嫌いな、周囲にずっと無関心な、平均的なサラリーマンとなって、適度な拘束の中で時間をすごしております。神経は以前よりもややデリケートになりました。」石原にとって、仕事は「糊口をしのぐ」手段だったのだと思われる。

抑留体験者との交流も途絶えていった。晩年の北村太郎との対談で「もうほとんど溶け込んじゃったんでしょうかね。高度成長社会に」と問われて答えている。「いや、もう考え方も僕とはかなりずれているしね。だから話しても仕方がない。自分だけをかわいがっているわけですね。やっぱり一度は徹底的に自分を追いつめなければいけないと思うけれど、そういうところに目をつぶっている。あまりシベリヤ帰りの人に会いたくない理由です。」北村の問いは俗耳に入りやすいが、抑留体験者の多数は生活のために「過去を封印」して語らなかったし、家族も周りも敢えて訊かなかったと言うべきである。それはともかく、石原が周りの抑留体験者を見るまなざしはきつい。直後の小文「ある再会」ではこうも書いている。「シベリア帰りの旧知と会うとき、当然タブーとなっている話題があって、そのことをはっきり自覚したうえで、互いに目をそむけながら、あらぬことを語り合う苦痛は、経験した者にしかわからないだろうと思う。」

ここで、抑留体験者と遺族・家族がどういう思いで、石原たちの第二次帰還、戦後二〇年、三〇年を迎えたのか、当時の短歌を一首ずつ挙げておこう（『昭和萬葉集』一一、一四、二〇巻）。

夫がもしや生きてゐるかと在ソ抑留者名簿発表の朝刊を見る（小泉茂）

黒パンを抱きしまま死にゆきし君が遺言誰に告ぐべき（今野養三）

ハバロフスクのガイドに来たる未帰還兵固く黙して日本を語らず（工藤光夫）

第二次帰還は一九五六年日ソ共同宣言調印の年末に終了し、シベリア抑留問題は解決済みという見方が広まり、注目されなくなったが、一九六一年にハバロフスク、チタ埋葬地への墓参が許可されると、以前ほどではないにせよ報道もされるようになった。第三首は、ロシア人との結婚その他の事情によって帰還しなかった兵の一人（おそらく吉田明男）のことで、これも抑留のもたらした悲劇の一つだった。抑留は、石原個人の文学的営為が知識人に与えた影響とは別に、戦後日本社会に長くトラウマとして記憶され、時に想起されたのである。その意味を問い、再び大きな社会運動となるにはもう少しの時間が必要だった（一九七九年全国抑留者補償協議会結成）。

石原は死（一九七七年）の前年の小文「戦争と死と私」で、八月一五日（ハルビンで迎えた）の茫然自失を振り返ってこう述べている。「先取りされた終結が、終結とならなかった瞬間から、終結のうらがえしとしての生が始まる。延長という思想にほとんどうかつであった私が、あらためて延長そのものを認めざるを得ない立場におかれたとき、はじめて死は生の延長にほかならず、死ぬまで生きるしかないのだという立場へひきもどされた。私にとってそれは予想もしない『猶予』であった。爾後どのような困難な環境を経過せねばならなかったにせよ、この猶予においてこそ、今も私は生きているのである。」

「一身にして二生を生きる」という言葉がある。戦前派が敗戦を境に異なる二つの人生を生きたという意味でよく用いられるが、石原は現実の体験とエッセイの追体験とで「抑留を二度生きた」、しかも二度目は「猶予」として——但し、いっそう苦しんで——と言うべきである。そして、二度目に到達した「寂寥」の境地から、晩年に好んで北鎌倉などの寺を巡り、詩集「北條」や「足利」が生まれた。石原の好きな空海の言葉「仰々として円寂に入る」の境地に近づこうとしたのであろう。アルコール依存症に陥り、精神的にも病みながら、キリスト教的実存主義（神に存在せしめられてある自己）から、仏教的観照＝悟りを求める「日本的実存主義」（存在するという自己意識の消滅）に限りなく接近した晩年だったのである。

【参考文献】

鮎川信夫・粕谷栄市編『石原吉郎全集』ⅠⅡⅢ、花神社、一九七九―八〇年。

内村剛介『生き急ぐ——スターリン獄の日本人』三省堂、一九六七年（のち『スターリン獄の日本人——生き急ぐ』中公文庫、一九八五年）。

多田茂治『石原吉郎「昭和」の旅』作品社、二〇〇〇年。

富田武『シベリア抑留者たちの戦後——冷戦下の世論と運動一九四五―五六年』人文書院、二〇一三年。

西尾康人『凍土の詩——シベリア抑留八年、爪で書いた記録』早稲田出版、一九九五年。

畑谷史代『シベリア抑留とは何だったのか――詩人・石原吉郎のみちのり』岩波ジュニア新書、二〇〇九年。

細見和之『石原吉郎――シベリア抑留詩人の生と詩』中央公論新社、二〇一五年。

フランクル・V・E『夜と霧――ドイツ強制収容所の体験記録』みすず書房、一九五六年。訳者の霜山徳爾も、抑留を体験した臨床心理学者であることが名訳を生んだ。

第四章　四國五郎——抑留体験とヒロシマ

はじめに

二〇一七年末、長年その存在が知られながら諸事情から陽の目を見なかった四國五郎（一九〇四―二〇一四年）の『わが青春の記録』上下が遂に刊行された(1)。

本書は、市販されたものだけでも二千と言われる抑留回想記の中で、数少ない画文集の体裁をとっている。幼いころから絵が上手で、貧しさで美術学校には行けなかったものの、兵営でも収容所でも描き続け、収容所当局にも認められていたほどである。むろん、それを持ち帰れたのは本人の勇気と知恵の結果であり（正確に言えば、帰国後の一九四九―五〇年に編集）、画文回想記を出した香月泰男、山下静夫なども、絵は抑留中に描かれたものではない。しかも、日記の記述と絵とが一対一で対応している絵日記は、一九五〇年に刊行された竹内錦司の『日本の俘虜はソ連でどんな生活をしたか』(2)と本書しかない（但し、日付が必ず記載されているとは限らない）。

ソ連の捕虜収容所にあっては、捕虜自身が日記や絵画を書き残すことは予定されていない。紙や鉛筆が不足し、絵の具や絵筆、キャンバスに至ってはなおさらだったからである。唯一つ、余暇＝文化活動として、とくに政治教育・プロパガンダの教材として、当局に選ばれた人物が絵画を描くことが許されていたに過ぎない。仮に密かに書き残すことができても、送還収容所における出発時の検査で没収されてしまう。本書は、収容生活を生き生きと描き、その理解を助けてくれる。四國はとくに人間の観察、描写に優れ、とかく類型化されがちな日本人捕虜やソ連人の収容所職員を個性にまで及んで描いている（プロパガンダ的な絵画も少なからず存在するが）。

本章では、『わが青春の記録』を紹介するのみならず、個人では困難な抑留の全体像の中に位置付けること、とくに四國が熱心に取り組んだ「民主運動」を当時の状況と文脈の中で捉え返すことを試みる。なお、当時としてはやむを得ない事実認識の幾つかの誤りや不正確な箇所は指摘し、改めることとする。そして専門外ながら、弟を広島への原爆投下で失って（帰還後に知って）被爆者の運動に絵画と詩によって参画していく動機や心情にも触れてみたい。

第一節　フルムリ収容所にて

四國は一九四四年一〇月に召集され、広島から下関、釜山経由で朝鮮半島を北上、満洲吉林省琿《フン》春《チュン》を本拠とする関東軍第三方面軍第一一二師団歩兵第二四七連隊（輜重《しちょう》＝輸送部隊）に入営した。翌四五年五月琿春北方の山岳地帯に入り、対ソ開戦に備えて肉弾特攻の訓練をしたが、八月九日ソ連軍が侵攻してくると、あえなく戦闘に敗れ、一八日に琿春で投降し、二〇日に金蒼野戦収容所で作業大隊（一〇〇〇人単位）に編成された。二〇日ほどして徒歩で出発、琿春を経てソ満国境を越え、一〇月一七日クラスキノに到着した。ポシエトから貨車に載せられ、ハバロフスク、コムソモリスク・ナ・アムーレを経てドーフで下車（バム鉄道東部線はコムソモリスクから南東と北西に向けて建設中）、徒歩でゴーリンの収容所に向かい、二四日に到着した。

この間に、琿春では取り残された日本人の二人連れの少女を目にし、関東軍将校家族が真っ先に避難列車で逃げたのにと、憐れみと憎しみを感じた。ハバロフスクへの途中イマン駅で物々交換を求める子供たちを見て、「このまづしさはどうだ　みろ！　これがロシアだ　ざまあみろと云う気持だった」と、日記に正直に書いている（下巻、三四頁、以下「下巻」省略）。

1　フルムリでの労働と生活

さてフルムリ（日本人はホルモリンと呼んだ）は町の名称だが、同時にコムソモリスクから北西に約二〇〇キロ、アムグン河を超えた地点までの広大な地域の収容所群＝第五収容所の呼称でもあった（第五地区ともいう。図11）。コムソモリスクからドーフまでが第一支所（支部）、ドーフからフルムリまでが第二支部、フルムリからエヴォロンまでが第三支部、エヴォロン以北が第四支部だった。これらの町はコムソモリスクから北西に向かって建設されるバム鉄道東部線（タイシェットを起点とする西部線と接合する予定）の駅となる町で、四國らが移送された時は敷設済みのドーフまでだったのである。

ところで、『捕虜体験記』の回想には収容所番号が三〇一、三〇四、三〇七、三一〇等と三桁で出てくるが、これは支部の下の単位で分所と呼び、下三桁目が第三支部を、下二桁がその分所番号を表示している。しかも、鉄道建設は捕虜または囚人を収容する施設が建設の進行とともに前進し、既設の

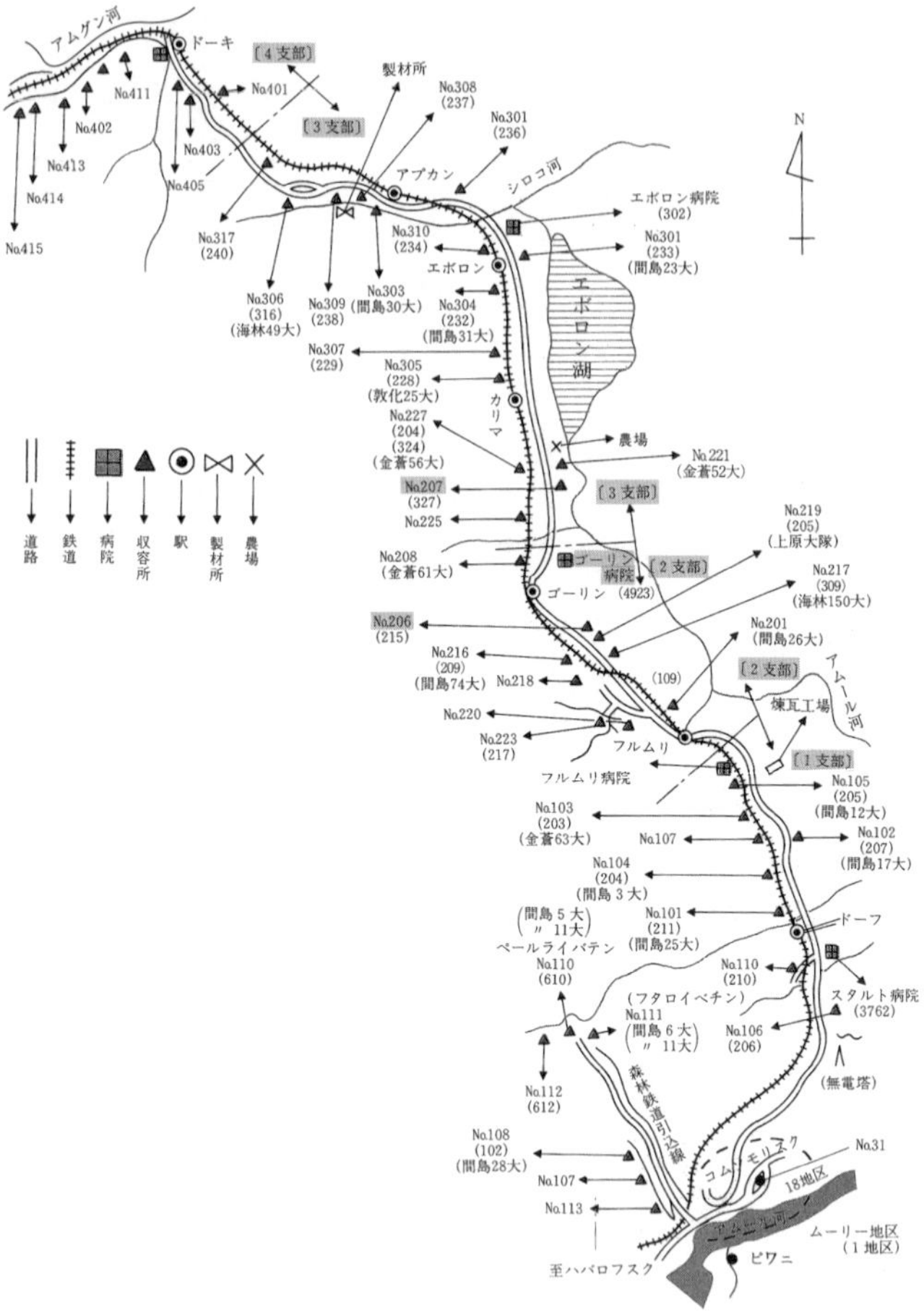

図11　フルムリ地区収容所配置図（出典：南丁巳知編『ゴーリン』）

ものが不要になって廃止されるため、バム鉄道西部線でも同様だが、番号が消えたり、付け替えられたりして実際にはより複雑になっている。四國が最初に入所したのは第五収容所第六支部と本人は記しているが、[3]その時点でドーフ・フルムリ間が第一支部となり、フルムリ・ゴーリン（他の町なみの地位を与えられた）間が第二支部となるので、実際は第二〇六分所だったのである。一一月上旬に第七支部に移り、四六年三月七日に第六支部に戻ったとあるが、正しくは二〇七、二〇六分所であり、三月七日に入院したゴーリン病院（第四九二三特別病院）が近辺にあることも納得できる。

フルムリ収容所は一九四七年二月二〇日時点で一万八一四五人を収容していた。各分所の人員は移動も頻繁なため特定できないが、四國と同じ金蒼収容所にいた別の部隊の笠井好成は、二〇三分所で一〇〇〇人が入院、死亡、転出等で半数近くになってしまったと記している。二〇一分所の小林嘉吉は約一〇〇〇人、二〇八分所の梅村清明は一〇〇〇人、三〇四分所の野村金四郎は八〇〇人、三〇七分所の岸川文蔵は一二五〇人と記している。[4]フルムリ収容所の労働は鉄道敷設を中心に、枕木製作、木材伐採及び製材といった関連作業であった。

四國は、二〇六分所では薪拾いと道路作業、二〇七分所では丸太担ぎをさせられた。二〇六分所には『日本新聞』第一号（四五年八月一五日）が届けられていたが、「その新聞の活字が日本文字であることのなつかしさと、その内容に対して考えることをしない反発がわずかに残るのみ」と書いている。二〇七分所では「私は毎日小さな手帳をとり出しては日記をつける。それだけがただ私のたのしみであり、人間らしい気持ちの最後の拠点である」と記している。

一九四五年の一二月三一日夜に移動があり、カンバヤシ（別の回想記によれば神林）大隊に入った。

新年一日には同大尉の指示で宮城遥拝がなされた。作業は収容所建設で、「この国で働くことは、それがたとえ自己の住まうドーマ〔住居＝複数〕であるにしても割引なく苦痛であり、腹立たしくも苦痛である」。「希望も意欲も何もなく、ただ生命をつなぎとめるだけの毎日の生活。そのようにして、ともかくもドーマは出来上がる。」

食事のときのパン切りの光景は、吉田勇が描いた有名な絵（図10）と同じである。「パンを切るとき、みんなの目は猛獣のするどさをもってランランと光り、パン分配をする者の手もとを見つめる。等分されていないかどうか。パンを並べる手が、こっそりと自分の上着の下にパン屑をかくしはしないか。パンの外側と内側の重量は？」（五九―六〇頁）

「兵隊たちは栄養失調になった。四十すぎて召集された初年兵らは皆、糞づまりや衰弱で死んでしまった。私も栄養失調に脚気、黄疸、それに腎臓の如き症状もあって、よろよろとして生きた。そして柵内〔収容所内〕での作業がふりあてられた。」こうして四國はゴーリン病院に入院することとなったが、それが捕虜としての生き方の転機となった。

2　民主運動への参加と文化活動

病院では食事がよく（ミルク、小魚のフライ、ミンチボールまで供された）、医師や看護婦（日記ではドクトル、シストラと表記）が親切で、健康が次第に回復していった。二〇二分所で編成されたブラスバンドの演奏を聴いて、「忘れ去っていた人間の心が音をたててめざめてくる」。また、一週間に一度『日本新聞』が配られた。それを読むと、頭の中が少しずつ整理され、考える力が出てくる。「退院バラック」（退院待ちの患者のための棟）には『日本新聞』の綴りがあり、「私は貪るようにそれを読みふけった。国際情勢について、日本の国内事情について、新聞には実にわかりやすくのべられていた。…おぼろ気ながらデモクラシーとは何かと云うことがわかりかけてきた」（八一頁）。阿部という青年が、学生時代に学んだマルクスの剰余価値説や唯物史観を教えてくれた。

あるとき浴場の脱衣室で、ニコライという男がノートに絵の走り書きをしていた。「あ、絵！ 私の生活からしばらく遠ざかっていた絵に対する本能的な欲望がグッとわいて来た。」その場でニコライの横顔を描いてあげると、大喜びだった。やがて話を聞いた看護婦たちが色鉛筆や紙を持って来て似顔絵をせがんだので、四國もモデルを得て喜んで描いた。彼女らはお礼にパンや飴を置いていった。病院にはロシア人の絵描き（おそらく囚人）も二人いた（八四―八九頁）。

やがて病院に、四國や阿部などインテリ出身の兵士を中心に「日本新聞友の会」が結成された。デモクラート（民主主義者）の誕生である。壁新聞を出すことになって、第一号を四國が書いた。「新生」と名付けられた壁新聞の第二号も、あまり読まれなかった。「友の会」は勉強会をもち、帝国主義や戦争などについて議論した。第三号は「推進」と改められ、四國は「民主主義対反動」のテーマを、『忠臣蔵』の浅野内匠頭と吉良上野介に擬して絵で表現したところ、かなり読まれた。軍部、財閥、地主が天皇を祭り上げている戯画も描いた。「友の会」も、しだいに参加者が増えた。

「友の会」の野田が「二〇一収容所で開かれた代表者会議」から帰ったという日付なしの記述があるが（九七頁）、これは『日本新聞』一九四六年九月二八日の記事で紹介されたフォルモリー（フルムリ）地区代表者会議のことである（会場の収容所名は、同紙の常で〇＝伏字にしてある）。会議員（議長団か）に「第二支部　野田」とあることからも間違いない。九月二〇—二一日に開催された会議には七三名が出席し、日本新聞社から高山（秀夫）を迎えて、彼の報告に基づき「民主運動の将来の指導方針」を議論した。それは、①軍国主義の徹底覆滅、②宣伝啓蒙活動による民主主義の徹底普及、③（収容所における）民主的規律の確立、④マルクス・レーニン主義の基礎理論の研究である。[5]

野田が帰ると、（日付不明だが）「友の会」第一回大会が開かれた。山田なる「右翼民主主義者」の演説もあったが、選挙では野田が委員長、阿部が書記となった。病院「勤務中隊」（退院間近で院内業務を補助する患者の中隊で、ベッドの患者を含む全体が「療養大隊」）長の山下准尉が八つ当たりしたり、「友の会」メンバーを恫喝したりしたが、自信喪失の現れだった。「友の会は、飯の分配だとか、炊事の不親切だとか、ソ側の糧秣の交付の不正だとか、患者の要求なぞをとらえては、それを解決することにつとめると共に、みんなの躰にしみこんでいる軍隊的な階級観念からぬけ出すために努力した。（やや時間が前後して戻るが）春がきて暖かくなると、勤務者たちは作業後に野球を楽しむようになった。階級章は外され、軍隊式の呼びかけは消え、「さん」づけで呼び合った。「これは一つの革命だった。入院してくる者は、このゴーリン病院内のデモクラシーに目をみはった」（一〇〇頁）。

夏には演芸会が開かれた。「捕虜のアンタンとした生活」の中での演芸会は画期的だった。出し物はヤクザものや宮本武蔵などだったが、喜ばれた。さすがにテーマがまずいということで「愛の勝利」——封建的な父親の反対を押し切って愛人と結婚する娘の話——などに変えた。

この頃四國はサネタール（正しくはサニタール、看護士）になった。彼の漫画が地区全体のプロパガンダに使われるようになったが、まだ「ばくぜんとした正義感と情熱だけの仕事だった」。地区本部

（二〇一分所に設置）には以前から楽団があったが、「前衛劇団」と名乗って各分所を巡回するようになった。ゴーリン病院にも来て、それがきっかけで「推進劇団」が誕生した。四國が脚本を書くことになり、『日本新聞』に掲載された国内の板橋事件（旧軍人による配給物資の隠匿の労働者・市民による摘発と武装警官隊による検束）、「幽霊大いに怒る」（靖国の英霊が資本家や政治家の堕落に怒る）を題材に書いた。第一回公演は成功を収めた。

冬になると、四國はサネタールを辞め、普通の労働に戻り、零下三〇度の中で伐採に従事した。「立派なコミュニストになろう」と思って労働に従事し、また、スターリン『レーニン主義の諸問題』や小林多喜二の小説『蟹工船』『三月十五日』（一九二八年の共産党員らの大量検挙事件）などを読んだ。[6] 十月革命三〇周年の年なので、絵が描ける星野と二人で、ソ連側の注文に応じて食堂に掛ける絵を描いた。クリスマスに当たる「モミの木祭り」（ロシアでは一月上旬のヨールカ祭）の飾り付けも作った。ソヴィエト人とも親しくなった。自宅に招かれて御馳走にもなった。

一九四七年二月九日は最高ソヴィエト（代議員）選挙の日なので、その飾り付けにクルブ（クラブ＝公民館）に星野と毎日のように出かけた。四國は「ソヴェトの選挙では、資本主義国に例をみない九九％以上という素晴らしい投票率」と記しているが（一一七頁）、選挙が共産党と政府の圧力のもとで実施される（立候補も自由な選挙運動もない）セレモニーであることは知る由もなかった。

四月に「民主グループ」が発足し、四國は書記になった。仕事は牛の世話に変わった。四國が一手に引き受けた壁新聞、漫画新聞はもう二〇号を超えた。推進劇団は活発だったが、二〇五分所には前進座の坂東春之助が、三〇二分所には映画俳優の瀧口新太郎（後にモスクワで女優岡田嘉子の夫になる）

がいて各劇団はさらに活発だった。

四國は「そのころ日本新聞に帰国に関するニュースが発表された」と記したが、三月一三日号に発表されたタス通信を指している。四六年一〇月のソ連政府決定に基づき、一二月の米ソ協定で実施に移されたもので、二月一五日までに一四万五〇〇〇人が帰国したという内容だった。四國は、発表の遅れに疑問を持たず、帰国に関するデマ（ソ連が帰国を遅らせた）に動揺せず、帰国して日本民主化に努めようという『日本新聞』の記事をそのまま紹介している。

このころ、四國は「民主グループ」総会で、「春と共に！」という詩を朗読した。

春が来る
屋根をぬらし
白樺の芽をあたためて春が来る
雪どけと共に
われわれはプラカートを高くかかげ　＊〔英語ではプラカード〕
故国日本へ帰ってゆく
天皇制打倒とくろぐろとかかれた
プラカートの文字もあざやかに
日本民主化の百万の援軍として
われわれは帰る

あたかも、後の舞鶴港での光景を先取りするかのような政治的な詩である。「天皇制打倒」とは、米軍占領下で政治的実権を奪われた天皇が日本を支配しているかのような戦前の「三二年テーゼ」的アナクロニズムが、在ソ「民主運動」アクチヴをも捉えていたことを示している。ここでは、画家の四國が初めて詩を描いたことが重要である。

同じ頃の詩でも、四國が地区政治部のキタレンコ大尉の妻の妹ゾーヤに捧げた詩の方がよほどいい。

ゾーヤ
きみの搬ぶバンク＊〔正しくはバンカ：浅瀬〕の清水が
陽光にうららと光り
反射がきみの頬を
チロチロとなぶる
歌よ
マヤ・リュビーマヤ

本書一三七頁ではゾーヤが水を運ぶ絵に詩が重ねてある。一行目のゾーヤと最終行のマヤ・リュビーマヤだけがロシア文字で書かれている。最終行「わが愛しきもの」は直前の「歌」を指すが、むしろんゾーヤをも意味している。

3　原爆の広島投下を一年半後に知る

この詩の三頁後に「ウラニウムエネルギイの悲劇」という一文がある。プラウダ記者のクルガーノフによる日本旅行記中の「広島と長崎にて」を読んだ感想とある。広島出身でソ連に抑留された者は他にもいるが、原爆投下を『日本新聞』で知ったと書いたのは、管見の限り四國だけである。ただし、記者は『クラスナヤ・ズヴェズダ（国防省機関紙「赤い星」）』のエル・ヴィソコオストロフスキーであり、掲載は一九四七年二月一八、二〇、二五日である。[7] まず、記者の生き残った市民とのインタヴューの一部を挙げよう（現代仮名遣いに改めた箇所あり）。

当時われわれは頻繁な空襲警報にはなれっこになっており、そのためみながみな防空壕にはいった訳ではありませんでした。そして実際のところ、敵機二、三機が当市を目指して近づいて来るとの警報に誰も対して注意を払いませんでした。私は空を見上げましたが、敵機は見えませんでした。明らかに敵機は非常な高度をとっていたのです。だが何かしら、灰色の点があたかもパラシュートをつけたようにゆっくりと地上に近づいてきました。と、突然それは炸裂しました。ものすごい光がまばゆく閃めき、私は思わず両手で顔を蔽い、本能的に家の中に逃げこんだ程でした。爆発と殆ど同時に、家は燃え始めました。妻も子供も隣人も私も――みんな道路にとび出しました。すでに、建物全部が焔に包まれてしまっていた程火の手の拡がるのが速かったのです。われわれは川に避難し、水の中にとびこみ、着物を脱いで絶えずそれを水にぬらして頭にかぶり、たえ難い熱さから免れたのでした。

生き残りの市民は、一瞬にして消滅した人間、焼け焦げた死体、ケロイドを負った市民、放射線障害に苦しみながら死んだ市民のことは語っていない。記者は、国防省機関紙特派員だが、被爆直後に広島、長崎を視察した駐日ソ連大使館員二名の極秘報告書（ソ連も原爆を開発中だったから危険を承知で視察させ、うち一名は放射線障害で死亡[8]）を見せてもらえなかったと思われ、予備知識が少なかったのかもしれない。

それでも、四國は想像力を働かせて、自分が故郷に帰る場面二つを想像して記した（「その梗概」を含む図12、一四〇―一四一頁）。

私は帰還しひろしま駅頭におり立つ。町の様子はすっかりかわってしまい、比治山らしい裸の山と河の流れでだいたい見当をつけ、段原あたりを通る。そうして霞町の家のあたりまでたどりつく。私の家はない。誰にきいてみても知らないと云う。知人には一人も出あわない。私はがっかりして田舎へゆく。そこにも母も弟もいない。南方にいた兄はおそらく死んでしまったであろうと思われる。私はとほうにくれて戦争に対するいきどおりをむらむらと覚える。

広島はやられているが、霞町のあたりは比治山のかげになって無事である。そして南方の兄も帰って来ている。弟は金属労働者として先頭に立っている。兄も労働学校で昔習った経験から進歩的イデオロギーを身につけている。そこへ私も帰って闘う一家になる。

図12　四國五郎「ヒロシマの街」（出典：『わが青春の記録』下，三人社，2017年）

家族のことが心配になり、俘虜郵便を一九四六年冬に出したが、春になって返事がぼつぼつ来始めたものの、自分のところには来なかったという。

四國は、日記を見る限り落ち込んだ様子もなく、毎日曜日の魚釣り大会に出かけ、看護婦たちの水浴びも眺める。ここでも詩を書いてみる。ただし、女性たちを「解放された女性」と見て「革命こそが完全に女性を解放する」というのは、占領下改革である程度まで自由になった日本の女性、そしてソ連の女性の実情を知らないイデオロギー的思い込みである。毎週二本くらいソヴィエト映画を観た感想が「儲けのためにつくられた資本主義国の映画にみられぬリアリズム、芸術的な高さと大衆性」と讃えているのも、公式的な言い回しに囚われている。

4　帰国を夢見てナホトカへ

鉄道建設がしだいにゴーリンに近づいて来た一九四七年七月一三日、遂にダモイ＝帰国が告げられた。しかし、誰から帰るのか、どういう順序で帰るのかがどの収容所でも問題になった。帰国の順位をつけるのは、建前上は各収容所当局だったが、少なくとも日本側民主グループに問い合わせる必要があった。そこで民主グループによる「反動分子は帰さない」キャンペーンが大きな意味を持ったのである。

ゴーリン病院から帰還する者として、四國を含めた六人が選ばれた。彼らはトラックでフルムリに輸送され、いったん地区本部の二〇一分所に寄り、当地の帰還者と合流して列車に乗り、中間集結地に到着した。ここでナホトカの送還収容所に向かう梯団の名簿が作成されたのだが、療養が必要な者や素行の悪い者が除外されるのみならず、ナホトカの受け入れ事情によって梯団員数が制限されることもあった。残留組は七十人余りで、四國も含まれたため「一寸さびしかった」と記している。この残留組＝民主グループの委員長に四國がなった（しばらく二〇七分所に移って、鉄道敷設作業に従事した）。

四國は次の梯団名簿には掲載され、列車でゴーリンから南下した。コムソモリスクは極東の重工業都市として拡張中であったが、停車時間に眺めると「社会主義の国の素晴らしさには、ただ無条件に我々をうっとりさせた」と記している。アムール河の大鉄橋を渡ってハバロフスクに到着すると、駅舎と市街の壮麗さに惹きつけられた。ハバロフスク地方、沿海地方を走り抜けて八月三一日遂にナホトカに到着した。

第二節　ナホトカ収容所にて

ここで四國が直面した問題は、送還収容所で帰還者の世話に当たる者が不足しているので、帰国を他人に譲って残留してくれないかとの申し入れだった。自分が真にデモクラートであり、コミュニストになるのであれば、喜んで残留すべきだと考えた。ただ最終的に決意したのは、収容所を回って久米宏一（戦前からのプロレタリア画家）らによるポスターを見て「プロレタリア的・人民的絵画とは何か」という疑問が氷解したと思ったときである。

四國は梯団長に残留の意志を伝え、さっそくナホトカ民主グループ宣伝部に加えてもらった。久米が日本新聞社に移ったばかりで人手不足だったときである。最初に描いたのは「こんな闇の女に誰がした」で皆に感心されたが、吉良金之助（日本新聞社から出向）に、悲惨な現実の暴露より「ダラク的なデカダン的なニュアンス」の方が強いという批判を受け、掲示は許されなかった（二〇七頁）。それでもめげずに描き続けた。宣伝部の後に女子部（五名が残留中）があるので、作品のテーマに女性が必要な場合にはモデルになってもらった（うち二名は『日本新聞』に紹介された[9]）。

1　民主運動の激化――吊し上げ

ナホトカではソ連各地から帰還してくる梯団を迎えた。四國が記しているのは、カラガンダ（カザフ共和国）、コムソモリスク、マルシャンスク（タンボフ州、梯団長の石川正雄元「朝日」記者が帰国して『闘う捕虜』を書いたことを加筆）、ウランバートル（外モンゴル首都）などの梯団である。うちウランバートルの梯団は、民主運動が起こらず階級制度を残しており、将校が威張って兵卒に荷物を担がせてナホトカに到着した（二三五頁に絵あり）。折しも、「民主運動」指導者で『日本新聞』編集部の諸戸文夫（浅原正基）がハバロフスクから来て民主グループ臨時総会に出席し、グループの士気が高まっていたときである。翌日の梯団歓迎集会は否応なく、将校追及集会へと変じ、千田少佐以下七、八名の将校が演壇に上げられて「民主運動」アクチヴの激しい追及（吊し上げ）を受けた。

この梯団の兵士たちは民主グループに、ウランバートル収容所における将校の横暴を訴えてきた。とくに中佐を称した元憲兵曹長吉村が自分の命令に従わない兵士を戸外の木に一晩中縛り付けて凍死させたこと、その姿から「暁に祈る」と呼ばれた事件を明らかにした。四國の記述にはやや不正確なところがあるので修正しておくと、吉村久佳（本名＝池田重善）は少尉を自称、自分が作業大隊長を務める羊毛工場の作業ノルマを達成できなかった者を縛り付けて死に至らしめたのは一九四六年九月のことである。「三百人近い犠牲」というのも、兵士たちの訴えをそのまま記したもので、正確な犠牲者数は不明である（モンゴルから捕虜が帰還する四七年一〇月までに、十数名と推定される）[10]。

まもなく吉村隊が到着すると、手ぐすねを引いていた「民主運動」アクチヴは歓迎集会＝吉村追及集会を実施した。夜分に三〇〇〇人もの参加者があり、吉村隊からは、片足を「叩き折られた」松葉杖の者をはじめ兵士が次々と吉村の罪状を暴きたて、参加者は「奴をなぐらせろ」「吉村を帰すな」「彼を暁に祈らせろ」と激昂した。集会をとり仕切った吉良、宗像肇（日本新聞社から出向）が、吉村に事実確認を迫ると、青ざめて一つ一つを認め、外套を脱いで、舞台で土下座し、こう述べた。「諸君ののべた通り私はそれらのことをやって来た。今は後悔に耐えない。深くおわびする」と。しかし参加者は収まらず、「殺せ！　殺してしまえ！」という叫びまで出た。司会の二人は、「制裁は民主主義者のすることではない」「彼の処置は民主グループに一任してもらいたい」と述べて何とか集会を終わらせた（二三九―二四七頁）。

このようなリアルな描写は四國ならではのもので、民主グループの責任者津村謙二が帰国後に記した『ナホトカの人民裁判』でも、コムソモリスク収容所における高山昇（東京農大助教授）の将校による撲殺事件などをめぐる兵士大会（人民裁判）は書かれていても、吉村については国会証言の形で取り上げられているに過ぎない[11]。帰還船での不祥事を恐れて「吉村を一船おくらせてウランバートル以外の者と一緒に帰国」させたというのも、筆者には初耳である（帰国後に吉村が起訴されて有罪判決を受けたことが触れられないのは当然で、吉村が再登場するのは人民裁判が共産党批判に向けられたという文脈である。四一八―四一九頁）。

ここで「民主運動」と吊し上げについて若干の補足をしておく。ソ連はすでにドイツ軍と同盟国軍の捕虜に「反ファシスト政治教育」を実施しており、日本軍捕虜に対しても同様だった。しかし、ソ連が温存・利用した階級制度が兵士たちの反発を買うと、彼らの反軍闘争（その典型的かつ象徴的行為が階級章外し）を利用し、兵士たちに収容所「民主化」をやらせ、帰国後の祖国「民主化」の担い手を育てるよう徐々に方針を変えていった。組織的には「日本新聞友の会」（一九四六年半ば）から「民主グループ」（四七年春）へ、そして「反ファシスト委員会」（四八年春）へと変化した。

政治教育の最大の武器が『日本新聞』（四五年九月創刊）であり、その本社はハバロフスク市の赤軍極東軍管区政治本部に置かれ、I・コワレンコ編集長のもと、浅原正基ら共産主義者、元満洲各紙記者のスタッフを抱えていた。ハバロフスク地方は日本軍捕虜約六〇万のうち一六万人強を数えたので、政治教育の中心となるのは当然だった。四七年春から捕虜・抑留者の送還が本格化すると、収容所当局による教育とアクチヴがリードする「民主運動」が連携して進められた。四七年三月に同地方代表者会議が開かれて民主運動の今後の方針が定められ、アクチヴ養成の同地方講習会が始まった[12]。

同じ頃から激しくなる米ソ冷戦のもとで、日本「民主化」の主導権争いと送還＝帰還問題をめぐる対立が焦点となった。ソ連は、経済復興のために労働力としての捕虜の送還を遅らせながら、それでも実施する送還では、「民主運動」アクチヴを数多く送り込んで日本共産党を支援する「民主化」勢力を補強しようとした。収容所における「民主運動」が、ソ連の政策に協力する「戦犯」摘発を伴いながら、「反動分子は帰すな」キャンペーンとなったのは、このためである。このキャンペーンは、収容所「民主化」により台頭した労働者・農民出身の元兵士が、元将校や初期のリーダーだった知識層を「反動分子」として追及し、排斥する吊し上げ＝人民裁判の様相を強め、暴力の行使さえ見られるようになった。さすがにソ連側も、それは行き過ぎとして制止する程だったのである。

ナホトカ送還収容所は、こうした政治教育、「反動分子」排斥の最終段階であり、四國も宣伝部員として、主としてプロパガンダのポスターや絵画の製作で協力した。また、「民主運動」は音楽、演劇、映画鑑賞などの文化活動を不可欠の要素としており、四國はゴーリン病院以来それに携わってきた。ナホトカでは革命三〇周年記念祭を迎えて、宣伝部は収容所（三つの分所）棟の上に掲げるスローガンや革命の絵巻物を作製した。文化部は「革命音頭」を作曲し、当日（四七年一一月七日）夜に全員が踊った。四國の絵（二三一、二三二頁）からすると、篝火《かがりび》の周りを音楽隊の演奏に合わせて歌いながら踊る、そして歌詞は革命を賛美する、いわばソ連式の盆踊りと言ってよい（残念ながら歌詞は不明）。

2　ハバロフスク本部とナホトカ現地の対立か

四國は宣伝部員だったため、政治的な演説も行った。一二月五日のスターリン憲法発布記念日に開かれた青年大会で、青年は純粋な情熱を階級闘争にささげつくし、かつての特攻（敵艦等に体当たり攻撃をする特別攻撃隊）とは違って天皇制に体当たりをすべきだと訴えた。それは当時の民主グループの盛り上がった感情にぴったり来たので、高く評価されたと記している（スターリンの肖像画を背にした自分の演説の様子が色彩豊かに描かれている―二五五頁)。

しかし、ナホトカ民主グループの活動はハバロフスク本部の支持を必ずしも得られなかった。第一分所総会では、基本的には正しいが、「ヒロイズム的な闘争がなされ、マルクス・レーニン主義に基礎をおいた行動とは云えない点があった」ことが指摘され、組織指導部長の津村が涙を流しながら報告したと四國は記している(二五八頁)。抽象的な表現だが、吊し上げに対する批判であろう。一二月半ばの民主グループ第二回総会では、日本共産党規約に準拠した規約が採択されたが、年明けに長命《ちょうめい》稔中佐ら(ウランバートル梯団の残留組)がソ連軍(極東軍管区)政治部に民主グループを批判する秘密書簡を出すと、ソ連側は宗像、吉良、渡辺綱喜をハバロフスクに召喚した。

注目すべきことに、この時点で民主グループの活動は非公然にされた。四國は「捕虜が政治的組織をつくることは国際法で許されていない」というソ連の言い分を紹介し、もっともだと記している。しかし、そのソ連がドイツ人捕虜たちに一九四三年夏「自由ドイツ国民委員会」を創らせ、二年余り維持した事実(四國は知らない)と矛盾している。日本人アクチヴにとっては、自分たちの従来の活動の否定に他ならないので、解散ではなく非公然にされたものと四國は説明している(二七〇頁)。しかし、一九四八年二―三月には反ファシスト委員会設立のための選挙が指示されるのだから、一貫していない。捕虜の送還を中断する冬期ゆえに、民主グループの活動の余地が小さく、国際世論の対ソ批判を鎮静化できると判断したのであろうか。

ここには従来知られていなかったソ連ハバロフスク本部と日本人ナホトカ民主グループとの対立が潜在していたのかもしれない。それを示唆する四國の記述の一つは、第二分所における政治部クロトフ少佐（マイオールゆえ中佐ではない）との議論を通じて日本側が以下のような認識に達したとされる背景である。「過去の闘争はあまりにも日本事情を基礎としたプロパガンダに終始し、世界民主勢力としての城塞としてのソ同盟の現実を具体的に宣伝することが忘れられていた」（二七五頁）。

これは奇妙な説明である。『日本新聞』をみれば明らかな如く、日本事情とソ連事情はほぼ同じ分量で紹介、宣伝されてきたからである。送還の進行に伴い、「民主化」の担い手を期待される帰還者のために、むしろ日本事情を増やしても当然だった。他方、米ソ冷戦が深化するとともに帰還者はソ連擁護に熱心にならざるを得ず、とくに将校・下士官の帰還者の多数がソ連の捕虜待遇のひどさ、送還の引き延ばし、貧困と暴力を訴える「反ソデマ」に対して「ソ同盟の真実を伝えよう」（『日本新聞』四八年四月二〇日）を帰国後の重大使命にしなくてはならなかったとも理解できる。

ところが、四八年一〇月頃ナホトカにやって来た諸戸文夫は、民主グループをこう批判した。「集結地の民主グループは徹底した、くされ切った日和見主義であり、指導者的な思い上りであり、ソ同盟の意向をたてにした闘争放棄である。」民主グループは諸戸の批判を受け入れ、「再び闘争激発主義にたちかえった」（三四三頁）。当時の共産党に特有の批判の言い回しであるが、帰還者への親ソ教育よりも、「反動分子」摘発の政治闘争を復活したという意味に他ならない。その結果、一九四九年六月末に始まる舞鶴帰還は「天皇島上陸」と位置付けられ、スクラムを組んで革命歌を高唱し、革命音頭と決起集会を展開し、引揚援護局には非協力と、家族ら出迎えには冷淡な帰還と理解されたのである。

こうしたハバロフスク本部とナホトカ現地との対立が、日本共産党の方針と関連していたか否かは、にわかには判断できない。党の方針とは、四八年七月三〇日の『アカハタ』に掲載された野坂参三

「入党した帰還者諸君へ」のことである。帰還者党員が日本の実情をよく知らず、「理論やソ連での経験を、そのまま日本にあてはめようとする公式主義におちいる危険」を指摘し、共産党はまだ弱く、民族民主戦線（他の政党や大衆団体を含む広範な統一戦線）をめざすべきことを強調していた[13]。野坂のいわゆる「愛される共産党」路線が継続し、四九年一月の総選挙では三五議席獲得の大躍進を遂げるに至る時期である。

ちなみに、諸戸＝浅原は『日本新聞』で四九年七、八月二度にわたり、野坂の方針（吊し上げ批判を含む）を全面的に支持する論説を書いた。その八月末に同編集部日本側責任者を解任され、スパイ罪の廉で逮捕、投獄されたが、それは浅原と袴田陸奥男とのライバル関係、背後のコワレンコ（軍）とナウーモフ（内務省）との対立によるものだという。ナウーモフが内務省ハバロフスク地方捕虜・抑留者業務管理局政治部長に四七年に着任して以来の対立とされる[14]。

3　四國の文化活動の開花と批判

四國は宣伝部員として、プロパガンダ的な絵画やポスターを描き続けた。文化部管轄の演劇にも積極的に関与した。第一回文化コンクール（月日は不明だが、先述の民主グループ第二回総会より以前）では、川崎透の脚本によるコメディ「五つの仮面」（二六一頁の絵には「現段階における民主運動の一般的任務」とあり、民主運動の五つの偏向を風刺したもの）に出演している。第二回コンクールでは、四國がエドガー・スノー『中国の赤い星』を下敷きにした朗読詩「麦《むぎ》はみのり」の朗読に自ら参加している。第三回では、復員した兵士が荒廃の中で自分の道を見つけるという内容のラジオ・ドラマに出演している。

四國はまた、「ステンド」（英語ではスタンド、立て看板）づくりにも励んだ。クレムリン、五カ年計画、（スターリン）憲法のステンドとあるから、収容所美化運動の一環というよりは「ソ同盟の正しい認識」のための宣伝に他ならない。しかし、ある日（少し後に四月末とある）、クロチキン中尉と絵をめぐる論争になった。「私らがソ同盟人の好む色彩感覚には同調できないものがあるように、日本人的な感覚はソヴェト人には穢《きたな》いものとしてうつる」「ラーゲルを単にソ同盟人のこのみの色彩と形態で飾ることは、対象が日本人であるかぎり正しくない」。自分のデフォルメされた絵を一分一厘もゆるがせにしない写実的描写にするよう求められたが、「私の個性をぬきとり、ただ写真屋をやらせるならばフォトグラフ〔写真〕を貼ってまにあわせればよいではないか」（二八〇―二八一頁）。四國は「社会主義リアリズム」の理解が不十分かもしれないと留保しつつ、自己の画風と絵画論にこだわったのである。

しばらくして四國が描いたポスター「日本をアメリカの奴隷とするな」（米兵が日本人少女を襲おうとしている構図）も、当初は評判がよかったが、批判された。曰く「日本に於ける、或はプロレタリアート乃至は人民勢力に対する過小評価の傾向のあらわれである」。四國は掲示をやめ、「私の絵が大衆によって前進させられる」と記したが（二九九頁）、自分を無理やり納得させたのではないだろうか。

収容所にはアトリエがあったようで、毎日やってくる山崎という絵描き――「正規にたたき上げてきた」とあるから美術学校出身なのであろう――から、四國は「美術史の面からみた技法、われわれの絵のあり方について」教示された（三一七頁）。絵画に対する姿勢が真摯である。アトリエは新築され、使い勝手のよいものとなった。

四國はまた、紙芝居を製作した。脚本を書き、アクチヴに批判してもらい、作画した。半月余りで、四十数枚を描き上げた。タイトルは「復員する同志諸君！　民主民族戦線に結集せよ！」である。大きくは、①敗戦時の追憶（虚脱と兵士の悲惨な生活）、②在ソ民主運動（友の会、民主グループ、反ファシスト委員会）、③ソ同盟の日本人捕虜に対する配慮、④日本の現実（基本的人権の剝奪、生活苦、米独占資本の支配）、⑤民族民主戦線の説明、⑥民主化し、人民が主人となった日本、⑦さあ頑張ろう（日本民主化へ、日本共産党を百万の党に）で構成されている。これが「ソ同盟側の検閲」を経て、二百名余りを前に公演された。二時間もかかったので長すぎるという批判もあったが、大いに喜ばれ、今後が期待できた。

4　四國の鋭い人間観察

四國は、随所で「民主運動」アクチヴや絵画・演劇好きの捕虜、収容所・病院のロシア人職員の観察を残している。先に触れたように、津村は二七歳、「その性格である純真な情熱をこめ、泪《なみだ》をぽろぽろ流しながら」報告した。彼はその後、新設の第四分所へ、さらにナホトカ郊外の第五三収容所に転属させられた。日本新聞社から派遣された宗像肇は、広島出身でカトリック教徒の社会主義者だったが、入ソして闘争を通じて共産主義者になった三十歳過ぎの若者。栗原康誉は二四歳で、劇団「赤い星」の責任者。高橋清爾はカラガンダの収容所から来て残留した同じ宣伝部の男、背の高い痩せたインテリ臭のする人だが、「独立美術ですこし絵をやった」経験があり、絵には独特の味わいがあった。

「ユーモアのある、しかしどこか線の細い、そして何か一途な情熱のある性格に魅かれた」（二一五頁）。

白系ロシア人は第四分所に収容されていたが（筆者には初耳）、四國の見方は厳しかった。帝政ロシアの貴族や資本家の「なれの果て」は、上海や満洲で売春やスパイで糊口を凌いできたが、うち上海から引き揚げてきて入ソを第四分所で待っていた。「たくましさがなく、健康さがなかった」「病的なタイハイ味が影のようにつきまとっていた」（二四九頁）。ふだん見慣れたソ連国籍ロシア人と対比するから、それだけ惨めに見えたのだろう。

日本軍の軍人・軍属として捕虜となった朝鮮人は、送還で収容人員が減った第一分所に入ることになった（これも初めて知った事実）。彼らこそ「日本帝国主義の最もヒサンな犠牲者」であり、母国語を話せず、母国の文字が書けない者もいて、サークルをつくって勉強していた。彼らは「帝国主義に対する火のような怒り」をもち、常にかたく団結していた（三四五—三四六頁）。実は四國は知る由もなかったが、一九四八年九月（朝鮮の南北分立直後）にソ連内相が送還命令を出しており、朝鮮人捕虜は各地の収容所からナホトカに集結中だったのである（一二月二一日、二一六二人がノヴォシビルスク号で興南に向かって出港した[15]）。

収容所・病院のロシア人職員の観察は、すでにある程度までは示した。ここでは二人だけ挙げておこう。一人はゴーリン病院のドクトル・ポポフ（軍医大尉）で、日本の軍医とは違って非常に親切で、丁寧に診断・処置してくれた。病院を去って中間集結地に向かう際に、握手しながらこう言ってくれた。「ハラショー、シコク。君が入院したとき腫れていて、生命もあぶなかったのだが、こんなに元気になった。ハラショー、ハラショー。」（私は泪が溢れてしかたがなかった）（一五七―一五八頁）。

もう一人はモデスト中尉、二五歳、集結地付きの将校で、日本語が達者な通訳だった。「彼の目は射るようなするどさで、強い意志をあらわしていた。」勉強好きで、文学ではシェークスピア、ゲーテ、ロマン・ロランなどを読んでいた。日本語は捕虜から習い、ノートに書き留めて覚えていった。「花より団子」「猿も木から落ちる」などの諺も面白がって聞き、ノートしてはそれに似たロシアの諺を教えてくれた。あるとき酒好きの川崎がモデストに松ヤニの塊を示し、ワニスを作るからアルコールが欲しいと所望すると、「よろしい。他ならぬ宣伝部のたのみだからきいてあげよう。そのかわり赤い顔をして戸外をあまり歩かないでくれ」と言って、ウオッカ一瓶を持って来てくれた。彼は響きのある声で「シコクサン」と言って、（アトリエに）来てはよく絵の話をした（二五〇―二五二頁）。

ちなみに、四國の日課は以下のようであった。起床六時半、朝食後に（集団）学習九時―一一時半、昼食・昼寝一二時―一三時、研究会（共産党史）一三時―一五時、創作一五時―一八時、夕食一八時、就寝二二時。学習会のテキスト、教材は『レーニン主義の基礎』『レーニン主義の諸問題』『日本新聞』。夕食にはパン三〇〇グラム、スープ、饅頭やかりんとう、揚げ菓子など（三一八―三二二頁）。

第三節　日本帰国後の四國

1　ナホトカから舞鶴へ、広島へ

一九四八年一〇月三〇日、四國は収容所長にダモイを告げられた。その晩の歓送会で「必ず入党して私の特技を日本の革命のために捧げることを誓う」と表明した。翌日、各分所の仲間と別れを告げてから第三分所前に集合した。復員式が型通り行われ、各梯団、総計二〇〇〇人（乗船定員）は波止場に向かって行進した。モデスト中尉が見送りに来てくれたのでかたく握手し、お互い忘れないと誓い合った。帰還船の高砂丸を前に、二〇〇〇人が「生産音頭」を踊った。増産と生産性向上のために頑張ろうという音頭で、ソ同盟で最後の土を踏みしめて乗船した。

さて、四國は「民主運動」アクチヴではあったが、帰国前に日本共産党員にはなれない。思想的には共産主義者に近づいてはいたが、唯物史観や経済学説まで修得するハバロフスク地方講習会に参加してはいなかった。宣伝活動、文化運動では指導的立場だったが、骨の髄までマルクス・レーニン主義者というわけではない。

ちなみに、ソ連は日本を社会主義革命の前夜だとは捉えておらず、ブルジョア民主主義革命が不徹底で、アメリカ帝国主義の支配下にあるから、当面の革命は残存する封建制を一掃し、アメリカからの独立をかちとる「民族民主革命」だと規定していた。東ヨーロッパ諸国が、ドイツ帝国主義打倒に貢献した反ファシズム人民戦線を土台に実現した「人民民主主義革命」に準ずるものと捉えていた。むろん、いずれの革命も共産党が指導するのは当然の前提である。従って、一般捕虜向けの『日本新聞』の記事は、①ソ同盟事情、②世界事情、③日本事情、④日本共産党、⑤理論的諸問題に大別され、④、⑤は量的にも少なかった。[16]「民主運動」アクチヴ向けにはハバロフスク地方講習会があり、ここで唯物史観や経済学説を教えられて共産主義者になるのである。

帰還船の高砂丸では、食事が粗末だったこと、舞鶴引揚援護局職員が「ソ連で変な思想にかぶれた者は早く忘れるように」注意したこと、舞鶴港内に入るとウクライナから引き揚げてきた反動的な連中が「君が代」を合唱し、「赤を海にたたきこめ」と叫び、自分たちも「インターナショナル」で対抗し、殺気立った雰囲気になったことが記されている。

引揚者を収容する平寮《たいら》の入り口では税関による所持品検査があり、軍人上がりか、特務機関・憲兵上がりの役人がソ連から持ち帰った書籍、『日本新聞』、写真を取り上げたことを、まるで「鉄のカーテン」と評している。[17]「日本に帰って捕虜の気持を味わった」とも記している。「すばらしいソ同盟の音楽に親しんで来た軀は…歌謡曲の植民地的なタイハイ的メロディーに、もう生理的な悪寒さえ覚える」とまで書いている。

翌日は引揚援護局による復員事務手続を受けたのだが、そこで民主運動について根掘り葉掘り、何をしたか、指導者は誰か、この梯団の中に活動家はいないか等々、尋ねられた。さらに呼び出されて米軍の諜報機関（CIC＝第四四一防諜支隊やLS＝法務部）による徹底した尋問があった、自分はLSに呼び出されたが、順番待ちしているうちに時間切れとなった。

郷土室には各地の戦災地図が掲示してあり、広島の地図は市街のほとんどが赤く塗りつぶされていた。便りを渡してくれる窓口に赴くと兄の満からのハガキが二通あり、「五郎よくかえって来た。皆元気でいる。安心してまっすぐに帰って来い」とあった。住所（宇品町一一三四）と地図が示されていた。「八日に帰る」と電報を打った。

一一月九日に四國は故郷広島に向かった。絵日記には「ダモイ列車の詩」が書かれているが、一九四九・三とあり、のちに書き足したことが分かる（三九四―三九五頁）。しかも、なぜか「五日走って、

夜が明けて　汽車の窓には、またつづくコルホーズの畑…」から始まるように、ゴーリンからナホトカへのダモイ列車が前半で、後半は明らかに故郷への山陽本線である。後半部分は以下のとおり。

空気には反抗の意志がある
山を原を黙殺して汽車は走り
一列の窓にはキラキラ光る眼が竝《なら》んだ

乾いた血の色の瓦礫がすぎると
おしへしゃげた壕舎の灯
ゴウソウな植込みのテイ宅がすぎると
土ぐもののように夕闇の田圃にはう農夫
やがて街、キャバレーのジャズが鳴り
日の丸の小旗の歓迎

真実をみて来て
又ここでも真実をみた人々を驛々におろしては
空気の抵抗を衝いて汽車は突っぱしる

最後の段の最初の「真実」とは詩の前半に描かれたソ連農業及び工業の活気と人々の親切、友情の言葉である。二つ目の「真実」とは戦災と貧富差、アメリカナイズされた夜の街、まだ振られている日の丸の小旗である。各駅でお仕着せ歓迎をする保守派と在外父兄救出学生同盟（四國は「同胞救出同盟」と書いている）は批判の対象である[18]。

広島駅で迎えの兄と弟に出会い、バスから市内を眺めた。「街、これが曽《かつ》て私の住んでいた街。どこを走っているのか、判然と出来ないまでに、街は根こそぎうちたおされ、消え去ったのである。」「暗い真夜中の街、鈍くアスファルトの道が光り、バラックの家並には数十万の一瞬に生命を断たれた人々の霊がモヤモヤとたちこめてのろうと妖気にみちみちている。」「そうして街全体が、怒りとにくしみをこめてなにかうったえている。私は肌寒くなる気持でその妖気を呼吸して、私の額にペッタリと『共産主義のため、平和のため死ね！』と書いた札がはりつけられた気持である」（四〇四頁）。そのバスの中で、弟直登《なおと》の被爆死を聞かされた。そして霞町の家を「天皇のために死のうと出て行って」から、四年と四〇日ぶりに帰宅した。

2 帰郷翌日に入党して活動

翌一〇日四國はさっそく地元の共産党事務所に行き、入党手続きをして宇品細胞（末端組織の当時の呼称）に所属することになった[19]。一六日、直登の写真を見て肖像画を描き、「ものいわねど」と題する詩を書いた。

コツコツと
黒い土を蹴ってみる
死んだ弟はかえらない

焼け爛れた土の上に
芽はふき草はのび
バラックは建ち
原色の映画ビラははりめぐらされたが
死んだ弟はかえらない

この黒い土の上で
くらい原子雲の下で
死んで行った人々よ
弟よ
何を考える

めしの中の砂を噛みあてたように
人々のこころをギュッとつかまえる

悲しい犠牲よ

この黒い土がいつまでも黒いように
ひとびとの戦争をにくむ気持をかえさせまい
いつまでも　かえさせまい

やけ土にのび出たあおい芽よ
どんどんのばせ

ものいわぬ黒い土よ
かえらない人々よ
弟よ

地上の人々のこころに
私のこころに
喰い込め　ふかく喰い込め

この詩の後に日付不明だが、仕事探しに出かけ、衣料品協会では「シベリア引揚者」というだけで

「突っぱねられる」と記している。別の日と思われるが、弟を連れて衆議院議員選挙のビラはりをしたと書いている。その後に「市役所に就職する　臨時雇」「お役人、公僕にして手先」と記している（四一〇頁）。とりあえず食い扶持が得られたと安心感というよりは、「公僕にして手先」という表現に、新憲法感覚と左翼的反発がないまぜになった気持が滲み出ている。

明けて一九四九年の書き初めが四國の新入党員らしい意気込みを示している（当時、一般の人は「文化国家日本」の類を書いた）。「新戦争挑発者をばくろし　帝国主義陣営に対し　民主主義勝利の確信にみちみちて　最後的痛撃を与えよ！」

一月二三日衆議院議員選挙の結果が発表され、「われらの党は大きく前進する」と記されている。たしかに、共産党は四六年の四議席から三五議席へと大躍進したが、吉田茂の民主自由党が二六四議席で単独過半数を占め、対ソ冷戦をリードする米国に後押しされて「逆コース」を本格的に歩み始めた。

3　党の分裂と地元ヒロシマへのこだわり

このあと「ここらで生活の記録をとばして、この私のレジスタンスの一冊のしめくくりにとりかかることにする」ということで、五月一二日の国会参議院引揚特別委員会における「人民裁判事件」証言のための上京からの記述になる。広島を九日一五時前に発って、東京へ着いたのが一〇日一〇時半。さっそく共産党系引揚者団体「ソ同盟帰還者生活擁護同盟」本部を訪問、津村と再会し、証言に関する打ち合わせをした[20]。一一日の特別委員会を傍聴した四國は、細川龍法、増淵俊一ら反ソ派の証言に腹を立てた。

当日は前日からの証人たる細川、増淵に小針延次郎が加わり、保守派の委員は彼ら反ソ派証人と、親ソ派ではソ帰同幹部の津村に質問を集中した。ナホトカで「反動分子」と見なした者の帰国を遅らせ、彼らに対する吊し上げ＝人民裁判をやったことの言質を取りたかったのである。保守派の委員から見れば、四國は津村に比べて「小物」であり、質問もナホトカでの仕事（帰還者の世話役）を主として尋ねたものに過ぎない[21]。

日記には「ガヴァリィ」（語れ）と題する長文があるが（四三四—四四八頁）、これは本人も注記しているように、宇品に帰ってからの真相報告会の原稿である。あるいは、証言の草稿として準備し、「人民裁判」など存在せず、民主的な「兵士大会」があっただけだと主張する予定だったのが、保守派主導の議事で機会を失い、このような公的な場面での発言は初めてで、気後れしたのかもしれない。

日記のその後の時事的な記述としては、一九四九年最初のソ連帰還船＝高砂丸の六月二九日舞鶴入港の楽観的な記述（反ソデマは木っ端微塵に砕け散った）と一〇月一日の中華人民共和国成立の礼賛（マルクス・レーニン主義の正しさの証明）くらいである。あとは労働歌、革命歌、ロシア・ソヴィエト歌謡、マルクス、レーニン、スターリンの自作肖像画が並んでいる。

わずかに、自らの創作方法がロマンチシズム、シンボリズム、（進歩的）リアリズムの結合であると、当時の正統派の表現「社会主義リアリズム」を避けて宣言した点（四七九頁）に、四國の芸術家らしい矜持が窺える。但し、シンボリズムとロマンチシズムの結合だけだと「パンパンのルージュより不健康で始末に負えない堕落と不要物になる」という表現はいただけない。四八〇頁が「Topo（ゴロー）

1950.4.4」とロシア文字でサインされた自画像で、日記の最後である。

実は一九五〇年四月は、「徳田要請問題」（共産党徳田球一書記長がソ連側に「反動分子は帰国させるな」と要請したとされる件）が国会、マスコミで最大の関心事になる一方、攻撃された共産党が一月のコミンフォルム（ソ連主導の連絡機関＝共産党・労働者党情報局）による「平和革命路線」批判により分裂しつつあった時である。[22] この頃四國がどう考え、行動したかは、『わが青春の記録』より後の時期のため究明の手立てが少ない。

ただ、峠三吉と一九四九年九月に知り合い、「われらの詩の会」に参加し、同名の機関誌の表紙を描き、第二号に詩「ダモイ列車」、第五号（五〇年五月）に「辻詩のためのメモ」を投稿するなど、詩作に精力を注ぐようになったこと、また被爆者の問題への関心を深め、第五号に詩「心に喰い込め」、第一二号（五一年九月）に「弟の日記」を公表し、自分の思いも綴っていることはたしかである。[23]

なお、「辻詩」とは街角で絵を展示しながら詩を読み上げる、新しい芸術表現の形式のことで、被爆地ヒロシマならではのパフォーマンスと言ってよい。その好例が「一年生になったんだよ」で始まり「みんなみてくれ！　血の色にひきつるこの赤い痣《あざ》を！」で終わる二一行の詩「ヨシちゃん」と、原爆ドームを背景に爆死したわが子を抱く母親を描いた絵だと思われる。[24]

ところで、永田浩三によれば「われらの詩の会」は一九五〇年一〇月に分裂した（四國五郎の同年八―一〇月の日記に記述があるという）。[25] 当時共産党本体はもとより、共産党系の大衆団体も主流（所感）派と国際派に分裂し、文学界でも後者の強い『新日本文学』を割って出たグループが前者に従う『人民文学』を創刊した。それは文学内在的なものではなく、双方とも政治的な分裂を丸出しに相手に対する罵倒とレッテル貼りに終始したものであることは、『人民文学』第二号の「文学の大衆路線へ」なる論文でも一目瞭然である。(26)

広島を含む中国地方は国際派が強かったが、同派は一九五一年八月「スターリン裁定」により解散させられた。「われらのうた」を継承した増岡敏和は峠三吉が死んだ五三年三月より一一カ月後の追悼文で「分派（国際派）は帝国主義打倒の詩を画一的に要求し、文学サークルを直ちに政治闘争に向けようとする愚をおかしたが、これは小ブル的宗派的ひとりよがりの考え方であるし、正にサークル運動を潰してゆく思想であった」と決めつけた。そして新日本文学会広島支部長だった峠に対しても、これとの闘いに不十分で温和だったとなじったのである。(27)

四國は峠を深く敬愛していただけに、このような非難には耐えられず、両文学団体とも共産党両派ともしだいに距離を取るようになったものと思われる。ちなみに、彼自身の追悼詩（五三年三月一四日）には、「テーマが日本のものになると、どうしても明るさがなくなるね」と峠に穏やかに言われたこと、おそらく偲ぶ会の類の集まりのために急いで肖像画を描いていること、自分ももっと良い仕事をしてから改めて峠を描きたい気持ちが記されている。(28)

むろん、四國は社会運動から手を引いたわけではない。一九五四年三月の第五福竜丸事件を機に国民運動となった原水爆禁止運動に積極的に参加し、五五年八月に開かれた第一回原水禁世界大会時には「広島平和美術展」事務局長となり、東京＝中央の運動とは距離を置いたスタンスを取り続けたのである。そして、子息の光が言うように、シベリアとヒロシマは自らの戦争体験として深く結ばれていたのである。

【追記】抑留体験者で広島（福島町）出身の木原清春は、帰国後部落解放運動に献身した。大塚茂樹『原爆にも部落差別にも負けなかった人びと――広島・小さな町の戦後史』かもがわ出版、二〇一六年。同じく、鈴川正久は日ソ友好運動に貢献した（北海道大学にロシア・ソ連研究奨励の若手向け基金を提供したことで知られる）。四國光によれば、二人とも父との関係は聞いていないとのことだった。

註

（1）四國五郎『我が青春の記録』上・下、三人社、二〇一七年。
（2）竹内錦司『画信　日本の俘虜はソ連でどんな生活をしたか』光文社、一九五〇年。
（3）四國五郎「絵で綴った抑留生活の断面」『捕虜体験記』Ⅳ、一九八五年、二三二―二四八頁。
（4）『捕虜体験記』Ⅳ、二二九―三八八頁
（5）『日本新聞』一九四六年九月二八日、四面。
（6）こうした政治教育用書籍は『日本新聞社』（背後の赤軍極東軍管区政治本部、ハバロフスク）で邦訳、印刷され、各地の収容所に配布された（但し、部数は不足していた）。
（7）『日本新聞』一九四七年二月一八日二面「広島と長崎にて」上、二〇日二面「同」中、二五日二面「同」下。
（8）アレクセイ・A・キリチェンコ『知られざる日露の二百年』現代思潮新社、二〇一三年、一五七―一六六頁。
（9）この二人、中村チエ子と須藤政子の姓名と、ジャムスで菊水隊員（看護学生）だったことを突き止めて優れた取材記事を書いたのが井手裕彦である。『読売新聞』二〇一八年八月二五日、第二〇面。
（10）富田『シベリア抑留』一六〇―一六一頁。
（11）津村謙二『ナホトカの人民裁判』文化評論社、一九四九年。なお、『捕虜体験記』Ⅱ（一九八六年）の高橋大造

「帰国集結地ナホトカのこえ」は、ソ連崩壊後に「民主運動」と「人民裁判」に反省のメスを加えようとしたものである。

(12)『資料・ハバロフスク地方講習会史　一九四七年三月―一九四九年一〇月』版元・発行年不明（斎藤六郎の終戦史料館がモスクワの公文書館から借用して筆写したもので、原文は邦語）。一九四七年中にハバロフスクで六回、コムソモリスクで一回あり、各八〇人以上が参加し、送還が促進された四九年の三回は各二〇〇人ほどが参加した。

(13) 富田『シベリア抑留者たちの戦後』一五〇―一五一頁。

(14)『日本新聞』一九四九年七月一六日、四面「党創立記念日に誓う」（諸戸文夫）、八月二〇日、四面「当面する反ファシスト委員会の任務について」（浅原）。浅原正基『苦悩のなかをゆく　私のシベリア抑留記断章』朝日新聞社、一九九一年、六一―七七頁。

(15) 富田『シベリア抑留』一三六頁。

(16)『日本新聞』一九四七年四月二二日、四面「日本新聞をいかに利用するか（索引）」、この索引はフルムリの野田が作成した。

(17)「軍人上がりか、特務機関・憲兵上がりの役人」というのは、公職追放下なので思い込みである。一九四六年二月にチャーチルが「バルト海のシュテッチンからアドリア海のトリエステまでソ連は鉄のカーテンを下ろして、その内側＝東ヨーロッパで専制を行なっている」と批判した言葉は、ソ連国内でも知られていたようである。

(18) この詩は「ダモイ列車」と題して後に同人詩集に掲載された。『われらの詩』第二号（一九五〇年一月一日）四―五頁。

(19) この詩は「心に喰い込め」と題して後に同人詩集に掲載された。『われらの詩』第五号（一九五〇年五月一日）七頁。但し、第一段は「この黒い土　死んだ弟はかえらない」に、第二段「草はのび」削除、「バラックは建ちならび」、第四段は削除、新第五段は「どんどん伸びろ！」に改められた。

（20）津村謙二はすでに四月一五日参院特別委員会「吉村隊事件」の証人喚問に吉村＝池田重善らとともに出ていたが、五月一二日の「人民裁判事件」の証人でもあった。富田『シベリア抑留者たちの戦後』一〇二頁。

（21）第五国会「在外同胞引揚問題に関する特別委員会」第二四号 http://kokkai.ndl.go.jp/SENTAKU/sangiin/005/1196/main.html

（22）富田『シベリア抑留者たちの戦後』一〇六―一一二、一七三―一七六頁。

（23）「辻詩のためのメモ」は『われらの詩』第二号、一一―一三頁。「弟の日記」は同第五号、二―五頁。残りは註（18）（19）。

（24）『反戦詩歌集』第一集（一九五〇年五月）、一頁。辻詩については以下の文献を参照されたい。川口隆行「四國五郎と辻詩の問題――シベリア収容所の民主運動から広島のサークル運動へ」『原爆文学研究』第一六号（二〇一七年一二月）、八九―一〇七頁。

（25）永田浩三『ヒロシマを伝える　詩画人・四國五郎と原爆の表現者たち』WAVE出版、二〇一六年、一三八頁。

（26）江島なかし「文学の大衆路線へ――なかの・しげはるの「人民文学と江馬の言葉」をよんで」『人民文学』第二巻第二号（一九五一年二月）、四―一〇頁。

（27）増岡敏和「峠三吉氏の生涯――その活動と自己改造について」、「われらの詩の会」編『風のように炎のように峠三吉追悼集』一九五四年、四―一〇頁。「詩」から「うた」への改名は、当時盛んになってきた「うたごえ」運動との連携を示したものである。川口隆行「被爆地広島のサークル詩誌の軌跡――『われらの詩』から『われらのうた』へ」、道場親信・鳥羽耕史ほか編『「サークルの時代」を読む――戦後文化運動研究への招待』影書房、二〇一六年、一三五―一三六頁。

（28）四國五郎「峠さん」『われらの詩』第一八号（一九五三年四月）、一五頁。

終章　抑留研究の過去・現在・未来

はじめに

まず「シベリア抑留」の概念について長めの前置きをしておきたい。この用語は翻訳不可能であり、国際的なスタンダードから外れている。「シベリア抑留」で誰もが浮かべるのは、一九四五年八月二三日のソ連国家防衛委員会決定で満洲、北朝鮮、南樺太・千島からソ連に移送された日本軍将兵だが、彼らの圧倒的多数は軍人・軍属の捕虜 Prisoners of War であって、文民の抑留者（被抑留者）Internees ではなかったからである。

この用語がいつ使われるようになったかについては議論があるが、一九七九年の「全国抑留者補償協議会」発足の時だと見てよい。この団体は、自分たちはソ連の捕虜だった、ジュネーヴ条約にいう捕虜であればこそ抑留中の労働に対する支払いを受けられると考える人たちと、同条約では戦闘中に敵軍に拘束された者が捕虜だから、昭和天皇の命令で自発的に武装解除した自分たちは該当しないと主張する人たちが、一つの団体に結集する上で妥協し、抑留者または強制抑留者と自己規定するようになった経緯がある。(1)

また「シベリア」は、地理上はウラル山脈から極東までの間を指すのに対し、実際に日本人が移送され、労働に就かされた地域は、遠くコーカサスやウクライナにも及ぶ広大な地域である。しかし、ソ連抑留というと、事実上の属国で日本人が抑留されたモンゴルが入らず、ソ連・モンゴル抑留といっても、南樺太・千島、北朝鮮、旅順・大連、当時の総称「ソ連管理地域」に抑留された日本人――その大多数が民間人――が除外されてしまうという、もう一つの概念上・名称上の難点を抱えてきた。(2)

実は、こうした論点が存在することが「抑留問題」の複雑さ、抑留時に遡る政治的対立がなお尾を引いていることを示している。捕虜か抑留者かという論点は、さすがに抑留体験者が平均年齢九〇歳を超え、存命の方々が減少しつつある今日消えたかに思われた。ところが二〇一五年秋、舞鶴引揚記念館所蔵品の「ユネスコ世界記憶遺産」登録が決まったあと、中国による南京事件関連資料の登録申請に対する日本の否定的態度を契機に、ロシアのユネスコ国内委員会が日本の登録は政治的だった、しかも国際法的に正当な捕虜を抑留と言いくるめたとクレームをつけたのである。(3)

抑留の範囲をめぐる問題は、「シベリア抑留」の名称故に関心が薄かった「ソ連管理地域」の送還収容所（真岡、興南、元山、大連）における死者の名簿が二〇一五年春にモスクワの公文書館で発見、報道されてから、にわかに注目を浴びるようになった。国会では厚生労働大臣が、従来ソ連・モンゴル地域に、そして軍人・軍属に調査等が集中していたのを改めたいと答弁するに至った。(4) 二〇一〇年成立のシベリア特措法（戦後強制抑留者に係る問題に関する特別措置法）が、国籍条項の故に日本軍の軍人・軍属だった朝鮮人、台湾人を除外するのみならず、「ソ連管理地域」の民間人をも対象としていない点が問題とされるようになった。

本稿は以上の事情を念頭において、学問としての抑留研究が成立したのはいつ頃か、それまで成立しなかったのは何故か、抑留研究を促進したものは何か、今日までの到達点は何か、今後の課題は何かを順次論じていきたい。

第一節　政治問題としての抑留問題

ソ連による日本人捕虜及び民間人の抑留は、独ソ戦争で二千万を超える死者を出したソ連が、戦後復興のためにドイツ及び同盟国軍捕虜及び民間人に続いて労働に使役する国策に基づいていた。ソ連は捕虜及び民間人をなかなか送還しなかったため、そして収容所で政治教育を施している事実が判明したため、抑留問題は、昂進しつつあった米ソ冷戦の重大な焦点となった。それは各国の戦後復興――ドイツや日本の場合は、米国式あるいはソ連式のいずれの民主主義を選択するかを伴う――の焦点ともなった[5]。

日本では、ソ連の政治教育を受けた人々が帰還して日本民主化の旗手として登場し、旧来の価値観を保守し、抑留とソ連を憎悪する人々がこれと激しく対立した[6]。前者は日本共産党を支持し、後者は保守諸党を支持して、この対立がソ米対立と増幅し合って激しさを増した。一九四九年六月末に舞鶴港に降り立った帰還者たちが「民主運動」アクチヴの指導のもと、赤旗を掲げ、革命歌を高唱し、出迎えの家族をよそにデモンストレーションを行ったことは、世間の耳目を驚かせた。

しかし、一九五〇年六月に朝鮮戦争が勃発すると、ＧＨＱ（連合国軍総司令部）と吉田政権は共産党を非合法化し、日本再建の「逆コース」を確立した。[7] ソ連帰還者の運動の主導権は保守派に移り、長期抑留者の送還を求める運動は日ソ国交正常化交渉と並行して行われ、一九五六年一〇月の日ソ共同宣言により長期抑留者は帰国を果たした。

この激しい政治的対立の中では、抑留問題は学問的検討の対象にはなり難かった。わずかに、抑留体験者の尾上正男（元満洲建国大学教授）がソ連による抑留は国際法違反であることを、親ソ左翼が強い学界の中で理路整然と主張したくらいである。[8] 評論家の高杉一郎が抑留体験記『極光のかげに』（一九五〇年）で、天皇制軍隊とスターリン収容所の秩序及び精神構造の相似性（上意下達と過剰同調）を指摘したのは、実に卓見であり、勇気あることだった。

たしかに共産党は非合法化されたが、相当数の知識人は、マルクス主義の理論とそれを実現しつつあるかに見えたソ連社会主義に同情的で、民主主義科学者協会、歴史学研究会等の影響下にあった。この態度は、一九五六年二月のフルシチョフによるスターリン批判後も大きくは変わらず、何よりも米ソ冷戦の中でソ連を擁護しなければならないという枠組みに縛られていた。[9]

マスコミ報道が日ソ共同宣言をもって「抑留問題」は終わったという印象を与え、多くの抑留体験者は、帰国後に苦労して得た仕事に没頭せざるを得ず、こうして一九五六年以降「抑留問題」が話題になることは少なくなった。「北方領土問題」が占領期はGHQの言論統制のためあまり報道されず、一九六〇年一月に安保条約改定がソ連敵対を強めるものだとして、ソ連が共同宣言の二島引渡し条項を無効にして以降、大きくクローズアップされるようになったのとは対照的である。

日本人の反ソ感情を強めたのは、チェコ民主化に対する軍事介入（一九六八年）であり、A・ソルジエニーツィン『収容所群島』の翻訳出版であり（一九七四年）、ソ連によるアフガニスタン侵攻である（一九七九年）。一九八二年九月の『文藝春秋』「シベリア強制収容所」特集は、読者手記一一七篇を集め、必ずしもソ連憎しのトーンでまとまっていたわけではないが、「スターリン収容所群島を生き抜く」という見出しが状況を反映している。[10]

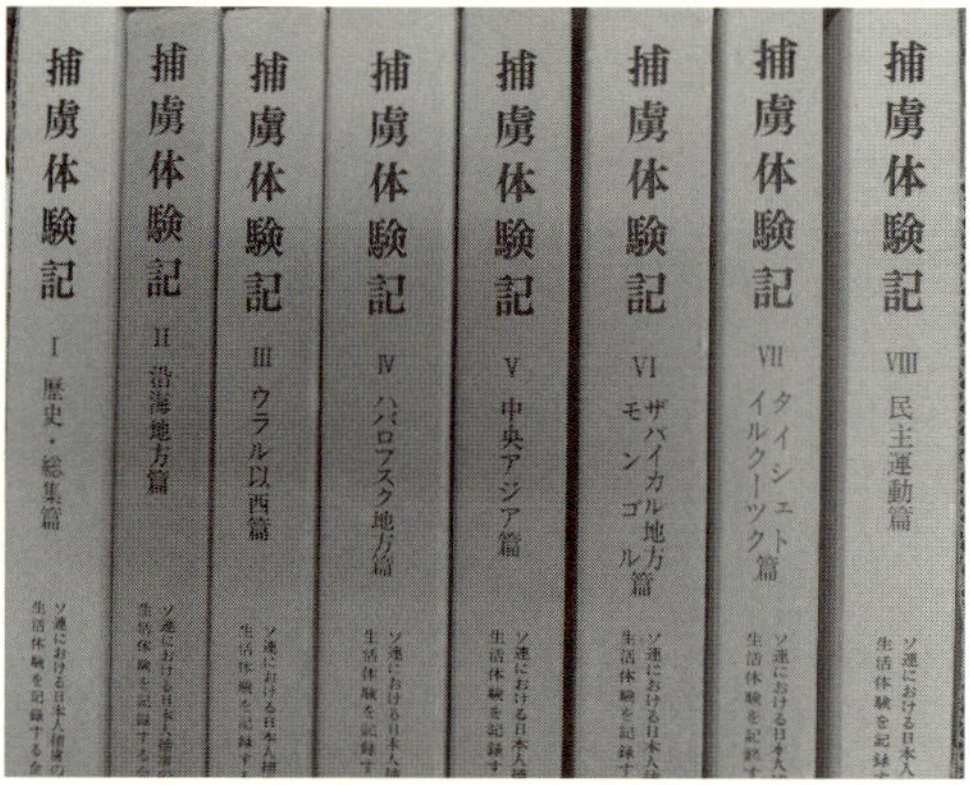

図13 『捕虜体験記』（生活体験を記録する会，1984-1998年）

やや遡って一九七九年、抑留体験者の諸団体を糾合して「全国抑留者補償協議会」（斎藤六郎会長）が発足し、同じ年に若槻泰雄が『シベリア捕虜収容所』を刊行した。同書は厖大な資料（厚労省文書と回想記）を渉猟したもので、抑留研究書としては最初だった。むろん、収容所の実態を詳しく記述したが、大半を「民主運動」とこれに追随した知識人捕虜の批判に割いている。高杉一郎を、収容所当局及び「民主運動」と徹底的に闘わなかったと槍玉に挙げたが、『極光のかげに』に示された捕虜の人間的苦悩を理解しない外在的批判である。[11]同書は、著者が意図したか否かは別として、翌年「全抑協」から分裂して結成された「全国強制抑留者協会」（相沢英之会長）ら保守派のバイブルになっていった。

このように、ソ連でペレストロイカが開始されるまで、むろん資料が機密保持されていたことも大きいが、強い政治的性格の故に、まともな抑留研究は存在しなかったと言わざるを得ない。一九七三年以来「日ソ歴史学シンポジウム」（日本側代表は歴史学研究会の藤原彰・一橋大学教授）が毎年開催されたが、両者の見解が対立し得る日ソ戦争やシベリア抑留のテーマは回避され、日本側にも敢えて取り上げようとする学者はおらず、研究も存在しなかった。

国内では、資料として『引揚援護の記録』（一九五〇年）、『舞鶴地方引揚援護局史』（一九六一年）などが出版され、一九七〇年前後から生活が落ち着いてきた復員軍人の戦友会や抑留仲間の会が活発になり、多くは私家版の回想記を残すようになった。一九七六年に発足した「ソ連における日本人捕虜の生活体験を記録する会」は地域・テーマごとの体系的な回想記をめざし、八四年から『捕虜体験記』（図13）を順次刊行していった。(12)

日本史家の間で、これらを活用した抑留研究が出てきてもよかったのだが、実際には出なかった。抑留研究そのものではないが、藤井忠俊『兵たちの戦争――手紙・日記・体験記を読み解く』は二〇〇〇年、吉田裕『兵士たちの戦後史』は二〇一一年の刊行である。

第二節　ペレストロイカ以降の研究

一九九〇年六月二〇―二一日東京で、全抑協（斎藤会長）主催で、抑留問題をめぐる日ソシンポジウムが開催された。折しも『文藝春秋』にA・キリチェンコ（科学アカデミー東洋学研究所）インタヴュー「非はわがソ連にあり」が発表された。従来ソ連は対日参戦も、その結果としての捕虜の獲得と労働使役も正当だとしてきただけに、ソ連が日ソ中立条約を破って参戦したこと、日本軍捕虜をポツダム宣言第九項に反して長期に抑留したことは国際法違反だと断定したのは、画期的であった[13]。

シンポジウムの焦点は当然キリチェンコ見解をめぐる評価となったが、ソ連側代表の中には捕虜を国際法に則って処遇し、給食も基準どおりに与えたと発言して、会場の抑留体験者から失笑を買う場面もあった。体験者の内村剛介が「ゴルバチョフは来日したら土下座して謝れ」と発言したのは、立場の左右を問わず当然とも言える反応だった。若槻も、帰還の遅れに対する当時のソ連の開き直り（日本が船を少なくしか寄越さなかったという主張）や、「戦犯」捏造と長期抑留などでキリチェンコを追及した。しかし、斎藤や和田春樹、下斗米伸夫らは、ペレストロイカに伴う歴史見直しがここまで進んできたことを評価し、ソ連内部の意見の違いをも踏まえてキリチェンコ意見に基づく抑留問題での日ソ協力を進めようという立場であった[14]。

残念ながら、シンポジウムの成果は発展させられなかった。ソ連崩壊という予期せぬ事態もあったが、全抑協の両派対立は続き、ロシア側もこれに巻き込まれた[15]。キリチェンコの「相互理解協会」と強制抑留者協会（相沢会長）は毎年モスクワで会合したが、後者が「捕虜」という言葉を忌避するようでは「相互理解」は深まりようがなかった。

それでも、ソ連崩壊後に公文書館の開放に伴ってロシア人学者による抑留研究が大いに進展した。やや保守的だが先鞭をつけた法学者V・ガリツキー、次世代の歴史家E・カタソノワ、V・カルポフ、S・クズネツォフらによる著作が次々と発表され、一部は邦訳された[16]。カタソノワは長いこと斎藤の秘書を務め、イルクーツクのクズネツォフやコムソモリスク・ナ・アムーレのM・クズミナは遺骨収集・慰霊の訪問団に協力もした人物である。

しかし、日本人による研究は進まなかった。和田や下斗米は彼ら本来のテーマに戻り、白井久也をはじめとするジャーナリストによる公文書発掘や著作が目立った。[17] 先述の「生活体験を記録する会」は『捕虜体験記』をしめくくる「歴史・理論篇」(一九九八年)で、個々の回想を超えた分析に踏み込んだ。中心メンバーは社会主義法の藤田勇をはじめ共産党に近い人たちだったが、すでに党自体が上記シンポで、抑留の国際法違反を長いこと認めなかったと反省の意を表しており(上田耕一郎)、藤田らもペレストロイカ期から思想的な反芻をしてきたものと思われる。[18]

図14　村山常雄『シベリアに逝きし人々を刻す』2007年

筆者は、一九九二年三月機密解除されたばかりのソ連共産党中央委員会総会速記録及び政治局会議議事録を、折しも在外研究でモスクワに滞在して読み始めた。ソ連における内外政策はどのように決定されていたのかという問題意識に基づく公文書の解読には四年余りを要し、一九九六年一二月に『スターリニズムの統治構造――一九三〇年代ソ連における政策決定と国民統合』を上梓した。ついでコミンテルン史をしばらく手がけてから日ソ関係史の研究に移り、今度はソ連外務省や軍部の公文書、そして日本の公文書にも当たり、二〇一〇年一月に『戦間期の日ソ関係――一九一七―一九三七年』を上梓した。筆者はようやくシベリア抑留問題に取り組むことができるようになったが、こうした基礎研究が抑留研究には不可欠だったのである。

二〇〇〇年代に入って、ロシアでは第二次世界大戦の捕虜・抑留に関する資料集が続々と刊行され始めた。日本では、若槻の流れを汲む、つまりソ連憎悪派に属する文学者の阿部軍治が二〇〇五年『シベリア強制抑留の実態』を著した。[19] 二〇〇九―一〇年に横手慎二は、抑留に至る過程、また捕虜送還をめぐる外交史的な考察を論文にしたが、優れたものながら発表の場所が大学紀要であり、継続しなかった。[20]

何といっても特筆されるのは、抑留体験者の村山常雄による抑留死亡者名簿の作成である（二〇〇七年）。基礎資料であるロシア政府から引き渡された「個人登録簿」が閲覧できない制約の中で、ゴルバチョフが持参した死亡者名簿を基礎に、諸団体・個人がもつ名簿を集め、ロシア語読みの日本人らしからぬカタカナ姓名を本来の漢字姓名に戻す厖大な作業を、七〇歳を越えて覚えたパソコン入力でやり遂げた[21]（図14）。これには頭が下がるとともに、研究者の無為を恥じ入るばかりであった。

第三節　抑留研究会発足後の成果と今後の課題

1　二〇一〇年一二月に藤本和貴夫、長縄光男、下斗米伸夫、筆者の四人が呼びかけて、抑留体験者、遺族・家族、ジャーナリスト、研究者などからなる「シベリア抑留研究会」が発足した。三カ月に二回程度の例会を行い、その例会報告や各種情報を掲載した「抑留研通信」を発行してきた（二〇一八年一〇月末日時点で例会は五二回、電子メール通信は七八号）。

会は、叙上の経緯を踏まえて、政治的・思想的立場を問わない抑留研究の場とした。第一回の例会でソ連憎悪色の濃い故阿部が報告したこと、同じくカルポフなどの邦訳によりアカデミズムの外で貢献してきた長勢了治も参加したことが、それを示している。

会には、日本史や朝鮮史の研究者も参加した。増田弘は南太平洋の日本人米英軍捕虜について報告し、加藤聖文の『満蒙開拓団』の合評が行われた。水野直樹は北朝鮮日本人墓地と死者について、北原道子は北方部隊（樺太・千島部隊）の朝鮮人兵士抑留について、[22]同じく例会で報告した。こうして、捕虜・抑留問題の国際性に相応しい研究協力が生まれた。

例会以外に一般向けのシンポジウム、ワークショップも開催した。二〇一一年一〇月（青山学院大学）、一三年六月（法政大学）、一五年八月（幕張での第九回中東欧研究世界大会と成蹊大学）で、その度に海外ゲストを招いた。それぞれクズネツォフ、カタソノワとカザフスタン・ボラシャーク大学の四人、[23]A・ヒルガー（ドイツ）[24]である。国際共同研究のネットワークも形成されつつある。

2　抑留研究会は、体験者や遺族・家族が体験を語り、交流する場、研究者が体験から学び、知見を提供する場ともなっている。いくつかの例を挙げると、故村山のムーリー抑留体験報告は、名簿作成で得られた知見、本人の再訪経験もあってよく整理されており、ハバロフスク地方の鉄道建設、森林伐採に関する他の回想記の記述と付き合わせることができた（残念ながら、もう一つのイズヴェストコーヴァヤ抑留体験を話さず、村山は亡くなった）。新京から北朝鮮の郭山に避難し、そこから三八度線を越える苦難の脱出行を経験した祖母と伯母の手記も素材に『満洲難民』を書いた井上卓弥（『毎日新聞』記者）の報告は、同様に満洲→北朝鮮→三八度線越えの逃避行の経験を持つ参加者の話を引き出した。最新の事例としては、栗原俊雄『シベリア抑留最後の帰還者』合評会で、主人公たち（佐藤健雄、山本幡男）の遺・家族から貴重な情報と回想を聞くことができた[25]。

こうした研究会のめざすところは、個々の収容所の体験を当該市・州・地方に関する資料集または研究書の記述と照合し、両者のギャップを埋め、抑留の実像を可能な限り豊かにしていく点にある（**第一の課題**）。例えばチタ州に関しては、チタ、ブカチャチャ、ハラグンなど市町村レベルの収容所にいた体験者の回想記があり、しかもチタ市のように第二四収容所第二分所（小熊謙二がいた）と第五一九独立労働大隊（故山内伊三男がいた）が隣接していて比較が可能なケースもあり、資料集やカラシヨーフの研究書と付き合わせれば、チタ州の抑留の実像がかなり見えてくるのではないかと思われる[26]。

すでにロシアでは一九九〇年代から共和国、地方、州ごとの抑留の研究があり、日本でも二〇〇〇年代に入って日本人抑留のケーススタディ、味方俊介によるカザフスタン、筆者によるコムソモリスク、長勢によるウクライナ（翻訳）が出ている（いずれもブックレット[27]）。最近では、独立国ながらソ連の一共和国並みに扱われてきたモンゴルにおける日本人抑留の共同研究が、モンゴル公文書とその露訳を用いて進んできた。政治教育がほとんど行われず階級制度が維持されたこと、二年程度の抑留にもかかわらずソ連よりも死亡率が若干高かったことも、公文書に基づいて説明されるようになった[28]。

3　抑留研究は中央、モスクワから共和国、地方、州、さらには個別収容所にまで「下降」する必要があると同時に、日本人捕虜・抑留者をドイツ人捕虜・抑留者と比較し、さらには独ソ戦争前半に広げてソ連人捕虜・抑留者と比較する「水平」方向の研究も必要である（**第二の課題**）。二〇一五年八月にヒルガーを招いて、日本では初めて「ソ連における捕虜：日本人とドイツ人の比較」を取り上げたのが、その最初である[29]。

ソ連人捕虜と比較すれば、日本人だけが被害者ではなかったこと（相互理解に不可欠な出発点、ちなみに、先述のキリチェンコはドイツ軍に最も多く破壊され、殺害されたベロルシアの出身）、日本人の将校・下士官捕虜にありがちだった「ドイツ人捕虜は収容所当局の言いなりにならず立派だったのに、日本人捕虜は民主運動に追随した」という比較には根拠がなかったことが分かる。また、多数の捕虜収容所長が、ドイツ軍捕虜だった経歴ゆえに降等され、懲罰として任務についていたことが判明し、日本人捕虜に同情的な所長が多かったという回想記の記述も裏付けられる。ソ連の捕虜収容所が矯正労働収容所（政治犯・刑事犯対象）をモデルに開設され、スターリンの圧制下でソ連人も、ドイツ人、日本人も収容所群島の中で苦しんだという視点も重要である。

この課題は、富田『シベリア抑留』で未だ基本的なスケッチながら果たされ、抑留体験者はむろん一般の人々にも「そうだったのか」と、日本人抑留の前史に対する関心を喚起したものと思う[30]。

4 「ソ連管理地域」の抑留研究は「はじめに」で述べたように立ち遅れているが（**第三の課題**）、ここ数年一定の前進が見られた。富田『シベリア抑留』第3章「『現地抑留』された日本人――忘却の南樺太・北朝鮮」がその一例である。ただし、旅順・大連抑留の研究は手つかずに等しい。

南樺太の抑留については、サハリン・樺太史研究会（札幌）と抑留概念をめぐる議論があったが、ソ連が自国領としての経済発展のために、居留民のうち緊急脱出した約一〇万人を除く約二七万人を足止めし、大陸のような捕虜収容所こそなかったが、住居、職業等の自由を大きく制限して経済活動を続けさせた点では「抑留」と呼ぶべきことを理解してもらった。「長期留用」と呼ぶ研究者もいる（中国における日本人技術者の留用を念頭に置いた命名であろう）。反対に、終戦時約二万三〇〇〇人いた（強制連行され、または経済的困窮から移住した）朝鮮人が祖国の分割と戦争、さらに冷戦により日本人より長く「残留」することを余儀なくされ、生活のために朝鮮人と結婚した日本人女性も同様だった点に注目すべきことを教えられた。

最近の研究成果としては、右研究会メンバーによる『樺太四〇年の歴史』、ロシア人研究者サヴェリエヴァの日本領樺太からソ連領サハリン州への移行過程に関する著作（国立サハリン州歴史公文書館所蔵文書を利用）、朝鮮系ロシア人研究者ディンによる朝鮮人送還に関する論文、竹野学による日本人引揚に関する論文、中山大将による日本人残留と引揚、サハリン移民社会に関する論文などがある[31]。J・ブルは最新の論文で、函館地方引揚援護局による南樺太からの引揚者の北海道定住策に、戦前植民期の心情やイデオロギーが利用されたと指摘している[32]。

北朝鮮抑留の研究は、一九四五年の米ソ分割占領、四八年以来の南北分断、朝鮮戦争（史料焼失か）、北の閉鎖的な体制のために、そしてソ連の占領軍＝第二五軍の文書がロシア連邦国防省中央公文書館でアクセスできないために、著しく困難である。金日成は当初、建国にとっての負担と考えて日本人居留民を送還する予定だったが、地方当局は植民地支配の「つけ」を日本人に払わせようと労働に使役したこと（一部は自発的に技術協力）、米ソ冷戦の開始で三八度線を閉鎖したために、日本人は満洲からの脱出者も含めて難民化したことが事態を複雑にした。

総じて研究が進まない中で、水野の研究会例会報告は貴重だった。ソ連軍による三八度線閉鎖が捕虜兵士確保のためだったこと、居留民・兵士の死者は三万三八〇〇人で八%を占めたこと（うちソ連から北朝鮮に「逆送」された捕虜は一万二六四〇人）、居留民の大多数は陸から（列車と徒歩で）と海から（闇船と徒歩で）三八度線を越えて、苦難の脱出を行ったことなどを明らかにした。また内容的には重複するが、城内・藤川の『朝鮮半島で迎えた敗戦――在留邦人がたどった苦難の軌跡』は、『朝鮮終戦の記録』、咸興北道や満洲からの脱出者を含む難民の回想記、北朝鮮の政権に協力した技術者の回想記などを駆使した新聞記者らしい優れた著作である。[33]

5 抑留研究の**第四の課題**は、帰還者の生活と運動、心情を明らかにすることである。すでに帰還者の運動については、長澤淑夫『シベリア抑留と戦後日本』（二〇一一年）と拙著『シベリア抑留者たちの戦後』（二〇一三年）があるが、生活や心情にまで踏み込むことは容易ではない。[34] 帰還者は「アカ」呼ばわりされないため、辛い抑留体験を思い出したくないため、家族にさえ語ることを避けてきたからである。その中で、小熊英二『生きて帰ってきた男』（二〇一五年）は、父親謙二からの聴き取りに社会史家らしい解説を加えた秀逸な作品である。[35]

従来の研究では、抑留帰還者、広く引揚者は「死んだ戦友の分までがんばる」という動機から企業戦士に変身して戦後復興と高度成長に邁進したという説（吉田裕『兵士たちの戦後史』二〇一一年）と、忘れたい戦争の記憶を呼び覚ます「余計者」として扱われたという説（五十嵐惠邦『敗戦と戦後の間』

二〇二二年）があるが、抑留帰還者の多数はいずれの要素も持った中間的な存在だったと考えられる。帰還者たちが戦後社会に何をもたらしたかも含めて、日本史研究者と協力した社会史的研究が求められている。

6 抑留研究の**第五の課題**は、捕虜の圧倒的多数が男性だったがゆえに生ずるジェンダー・バイアスを是正し、看護婦、電話交換手、タイピストなどの軍属や南樺太などの民間人抑留者の多数を占めた女性を取り上げることである。先行するロシアの研究者には女性も少なからずいたが、彼女らにはこの問題意識が欠けていただけに急がれる課題である。日本にも抑留された女性の回想記はあったが、中村百合子『赤い壁の穴』、坂間（赤羽）文子『雪原にひとり囚われて』、加倉井文子『男装の捕虜』に見られるように、男性と同じような振る舞いに焦点が当てられていた[36]。

この問題では、生田美智子が『セーヴェル』誌に三号連載で、佳木斯《ジャムス》陸軍第一病院の看護婦（陸軍看護婦、日赤従軍看護婦、現地養成の見習い看護婦）百余人の抑留について執筆している。モスクワとハバロフスクの公文書館文書、看護婦たちの回想記、生存者及びハバロフスク地方の病院跡地付近の住民生存者のインタヴューにより、従来まったく知られていなかった看護婦抑留の実態がかなり詳しく明らかにされた。「女性の男性化」（軍装や護身のための斬髪など）、死にゆく兵士たちに対する「母親代り」の看取り、帰国後に「ソ連兵にヤられた（レイプされた）だろう」と白眼視される叙述などにジェンダー視点が生きている[37]。

7 抑留研究の**第六の課題**は、研究の素材を公文書や回想記、オーラル・ヒストリーに留めるのではなく、文学作品（詩、短歌、俳句、川柳）や絵画、音楽・演劇に広げ、抑留者の精神史を深めることである。古くは立花隆による抑留画家・香月泰男論があり、近くはアメリカ人A・バーシェイが香月、高杉、石原吉郎を精神史的に論じた優れた著作を刊行した（英語、二〇一三年）[38]。筆者は初めての石原論で、彼の抑留生活と戦後の生活を徹底的に明らかにした上で、その精神世界をV・フランクル（アウシュヴィッツを生きのびた精神病理学者）との比較において説明した[39]。

カルムィク人E・グチノーヴァは抑留画家・木内信夫らの絵画、上津原美夫《かみつはらよしお》の「いろはカルタ」を取り上げ、抑留生活の諸側面を浮き彫りにした。とくに公文書や『日本新聞』では取り上げられないパン切り分けの鬼気迫る様子（吉田勇の絵が有名）、回想記でも書くのがはばかられた糞尿譚など、抑留生活のリアルに肉迫している。彼女の根本的なモチーフは「サバルタンは語ることができるか」（G・スピヴァク）であり、極限的状況におかれた人間の非言語的表現を重視し、その意味を解き明かそうとするのである[40]。

森谷《もりや》理沙による日露（ソ）音楽文化交流に関する露文著作は、抑留者が持ち帰ったロシア・ソヴィエト歌謡の普及と変容も論じていて、興味深い[41]。

おわりに

以上ざっと抑留研究の現状を概観したが、二〇一三年後半に長勢『シベリア抑留全史[42]』、筆者の『シベリア抑留者たちの戦後』が刊行されたことは、日本における抑留研究の到達点を示したものと言えよう。ほぼ同時にカタソノワら編の日本人捕虜に関する初めての資料集（露文）が刊行されたが[43]、長勢、富田の両名はさらに、共同編訳で本邦初のシベリア抑留資料集を刊行した（図15[44]）。旧ソ連、米国（GHQ）、日本の公文書を約二〇〇点選び抜き、体系的に整理したもので、今後抑留研究をめざす人たちはむろん、抑留体験者、遺族・家族、ジャーナリストにとっても、巻末の「シベリア抑留体験記書誌」（二〇〇〇点以上）も含めて「抑留百科事典」的なものとなるであろう。

抑留研究の今後にとって喫緊の課題は、厚生労働省が管理する「個人登録簿」五十数万人分をデータベース化することである。同省は抑留体験者、遺・家族の申請がある場合に個々人に「個人登録簿」写しを（舞鶴港で作成された「身上書」と共に、死者の場合はカルテも加えて）送付してきた。しかし、「登録簿集合」全体は「個人情報保護法」を盾に非公開にされたままであり、研究者が純個人データ（親兄弟姉妹子女のこと、信仰や資産など）を除いて研究のために閲覧させるよう度々申し入れてきたにもかかわらず未だ実現されていない（資料）。

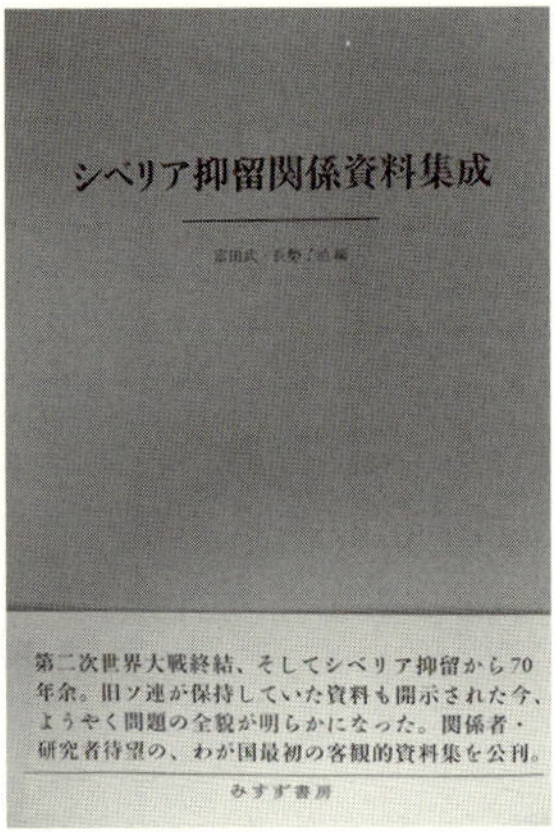

図15　『シベリア抑留関係資料集成』（みすず書房，2017年）

抑留研究の課題は以上の通りだが、もう一つ重要なことは若手研究者の育成である。二〇一五年小林昭菜は法政大学大学院で博士号を取得し、日本で初めて抑留研究で博士となった。それは慶賀すべきことだが、彼女の博士論文を土台にした著作『シベリア抑留――米ソ関係の中での変容』の内容には、改善と再考の余地がある(45)。
彼女に続く大学院生が若干いるが、日本史や社会学のディシプリンからも含めて、先行研究の正当な評価、しっかりした史料批判に立った抑留研究が期待される。シベリア抑留研究会が、彼らの学びと研究発表の場としても機能するようにしたい。

註

（1）「捕虜」規定を嫌う人々の多くが、「生きて虜囚の辱めを受けず」という「戦陣訓」（一九四一年一月東条英機陸相示達）の精神に染まっていたことは疑いない。なお、昭和天皇の命令とは八月一八日「大本営陸軍部命令」のことで、「終戦詔書」以降敵軍に拘束された軍人・軍属は「俘虜」とは認めないと明記してある。日本軍の降伏、武装解除を容易にしたことは事実だが、他方で「戦陣訓」的な捕虜観を維持する結果になった。

（2）日本では、日露戦争の頃から大陸ロシアを漠然と「シベリア」と呼び、ロシア革命後にウラジオストクから上陸してバイカル湖付近まで派兵したことも「シベリア出兵」と呼んでいた。

（3）ロシア側の主張は、二重の意味で誤っており、事実から目をそらすものである。当時ソ連はジュネーヴ条約を批准していなかったし、それに基づく捕虜の人道的待遇とはほど遠い扱いをした。そして、軍人・軍属ではない民間人を満洲からソ連に移送・抑留し、南樺太の居留民を強制的に残留させるなど「ソ連管理地域」で抑留したことを無視している。

（4）『読売新聞』二〇一五年四月二日、三日、四日、二四日、五月一日。送還収容所の死者名簿はロシア連邦国立公文書館にあり、同年三月『読売』緒方賢一記者と筆者がほぼ同時に閲覧した。

（5）ソ連は共産主義を押しつけたというのが一般の理解だが、日本はファシズムの支配下にあった東ドイツを含む東欧諸国と同じく、反封建・反独占の民主革命が当面の課題であり、これを共産党が指導する「人民民主主義」の段階を経て初めて社会主義への移行が可能になるというのがソ連の理論だった。

(6) 「民主運動」推進派と反対派の対立は各収容所で起こり、送還港ナホトカで増幅され、帰国後は前者が「ソ連帰還者生活擁護同盟」(のちに中国からの帰還者を含めた「日本帰還者同盟」)に、後者が「在外同胞帰還促進連盟」等に結集して、帰還者運動の主導権争いを繰り広げた。

(7) 一九五〇年一月のコミンフォルム(共産党・労働者党情報局)による批判に端を発する日本共産党の分裂は日本帰還者同盟にも波及し、日帰同は非合法下で活動不能に陥った。在外同胞帰還促進全国協議会は、日帰同の脱落により、また長期抑留者(「戦犯」、将校が多い)帰還支援のため保守派主導になった。

(8) 尾上正男「国際法とソ連の俘虜待遇」『舞鶴地方引揚援護局史』一九六一年、五八四―六〇〇頁。その原型は大学紀要に書いた論文である。「ソ連の捕虜取扱と国際法――その労働について」『神戸法学雑誌』第一巻第一号(一九五一年三月)、一九七―二二六頁。

(9) スターリン批判の衝撃は、翌一九五七年の人工衛星打上げとICBM(大陸間弾道ミサイル)発射実験で打ち消され、「社会主義の資本主義に対する優位」の確信が強まった。日本共産党は原水爆禁止運動において、ソ連の核実験は「(死の灰ではなく)きれいな灰」と呼び、核兵器保有は「社会主義の防衛」のために当然とまで主張した。

(10) 『文藝春秋』一九八二年九月臨時増刊「シベリア強制収容所」はいかにも保守的で、冒頭の対談「日本人にとって『シベリア捕虜体験』とは何か」において、抑留体験者で彫刻家の佐藤忠良に対する聞き手は山本七平であった。「私のシベリア体験」は三波春夫、坂東春之助ら八人が寄稿したが、自民党の相沢英之、宇野宗佑も含まれていた。

(11) 若槻泰雄『シベリア捕虜収容所――ソ連と日本人』上下、サイマル出版会、一九七九年。若槻は中国生まれで中国戦線の経験があり、日本軍の蛮行には批判的だった。復員後に東京大学で学び、卒業して政府系海外協力団体に勤務していたため、まず移民問題に、ついで抑留及び引揚問題に関心を持つようになった。本書では、高杉のほか一九五〇年代の清水幾太郎をはじめとする「進歩的文化人」を激しく非難しており、自らはクリスチャンで自由主義者と自認しながら、冷戦の中で軍国主義よりも左翼とマルクス主義に対する嫌悪が前面に出たものと思われる。

（12）全八巻のうち六巻は地域別で、沿海地方、ハバロフスク地方、ザバイカル地方・モンゴル、タイシェット・イルクーツク、中央アジア、ウラル以西である。第一巻が歴史・理論、第八巻が民主運動である。

（13）『文藝春秋』一九九〇年七月、九四―一〇八頁。八月、一二六―一三四頁。キリチェンコは、前ソ連共産党中央委員会国際部副部長（日本担当）I・コワレンコ（かつての『日本新聞』発行責任者）らのシンポジウム開催反対論にもかかわらず、ソ連外務省等の有力者の支持を得て開催にこぎ着けた。キリチェンコ前掲書（第四章註8）、一七三―一八〇頁。

（14）斎藤六郎『続・回想のシベリア』全抑協、一九九〇年、二一九―三五七頁。共同声明の内容――抑留死亡者の名簿引渡し、埋葬地の復旧と親族の墓参許可など――は、ゴルバチョフ大統領による名簿持参、捕虜・収容所に関する日ソ協定として実現した（一九九一年四月）。

（15）キリチェンコと斎藤及び秘書カタソノワとの仲違い、相沢全抑協との接近の経緯は、キリチェンコ前掲書、二〇一―二〇四頁。

（16）S. I. Kuznetsov. Iapontsy v sibirskomu plenu (1945–1956). Irkutsk, 1997（邦訳『シベリアの日本人捕虜たち』集英社、一九九九年）。V. V. Karpov. Plenniki Stalina. Sibirskoe internirovanie iaponskoi armii. 1945–1956 gg. Kiev-Lvov, 1997（邦訳『スターリンの捕虜』北海道新聞社、二〇〇一年）。E. L. Katasonova. Iaponskie voennoplennye v SSSR: Bol'shaia igra velikikh derzhav. Moskva, 2003（邦訳『関東軍兵士はなぜシベリアに抑留されたか』社会評論社、二〇〇四年）。Ee zhe. Poslednie plenniki vtoroi mirovoi voiny: maloizvestnye stranitsy rossiisko-iaponskikh otnoshenii. Moskva, 2005.（『第二次世界大戦最後の捕虜――露日関係の知られざる一幕』）。M. Kuz'mina. Plen (Iaponskie voennoplennye v Khabarovskom krae). Komsomol'sk na Amure, 1996.（『捕虜（ハバロフスク

地方における日本人捕虜)』)。

(17) 御田重宝《おんだしげたか》『シベリア抑留』講談社、一九八六年。坂本龍彦『シベリアの生と死——歴史の中の抑留者』岩波同時代ライブラリー、一九九三年。白井久也『ドキュメント　シベリア抑留——斎藤六郎の軌跡』岩波書店、一九九五年。栗原俊雄『シベリア抑留——未完の悲劇』岩波新書、二〇〇九年。白井久也『検証　シベリア抑留』平凡社新書、二〇一〇年など。

(18) 高橋大造は「被抑留国の柵内にあって展開された反軍・民主化運動」と書き、吊し上げについてこう記している。「反動分子追及カンパを口実に、軍隊当時の私怨を晴らすのが目的であったり、そのやり方が集団リンチであったり、軍隊当時に受けた私的制裁の裏返しであったり、とうてい、民主主義に覚醒した人間の行為とは思えない集団暴力が、ソ連側の制止する目を逃れながら続けられるなど、四年間におよぶ反軍・民主化運動に拭い去れない汚点を残したのである。」『捕虜体験記』Ⅷ(一九九二年)、六、二二一—二二二頁。

(19) 阿部軍治『シベリア強制抑留の実態——日ソ両国資料からの検証』彩流社、二〇〇五年。

(20) 横手慎二「スターリンの日本人送還政策と日本の冷戦への道」一—三、『法学研究』(慶應義塾大学)第八二巻(二〇〇九年)、第九号、一—五六頁、第一〇号、三五—八五頁、第一一号、一—三五頁。「『シベリア抑留』の起源」、『法学研究』第八三巻(二〇一〇年)第一二号、一九—五六頁。

(21) 村山常雄『シベリアに逝きし人々を刻す——ソ連抑留中死亡者名簿』私家版、二〇〇七年。一般向け解説書が、同『シベリアに逝きし46300名を刻む——ソ連抑留死亡者名簿をつくる』七つ森書館、二〇〇九年。

(22) 加藤聖文『満蒙開拓団——虚構の「日満一体」』岩波現代選書、二〇一七年。北原道子『北方部隊の朝鮮人兵士——日本陸軍に動員された植民地の若者たち』現代企画室、二〇一四年。

(23) ボラシャーク大学の研究者たちは、カザフスタン・カラガンダ州における日本人捕虜に関する資料集(カザフ語、ロシア語、英語)を編集、刊行した。N. Dulatbekov (pod red.). Iaponskie voennoplennye v Karagandinskoi

oblasti. Karagandy, 2011.

（24） Andreas Hilger, *Deutsche Kriegsgefangene in der Sowjetunion, 1941-1956 Kriegsgefangenenpolitik, Lageralltag und Erinnerung.* Essen, 2000.

（25） 井上卓弥『満洲難民――三八度線に阻まれた命』幻冬舎、二〇一五年。栗原俊雄『シベリア抑留最後の帰還者――家族をつないだ五二通のハガキ』角川新書、二〇一八年。

（26）『捕虜体験記』Ⅵ（一九八八年）、二三七―二五七頁（山内）、二九一―二九四頁（小熊）。池田秀夫「ブカチャーチャ三年の春秋」『同徳台陸軍軍官学校第七期生史』一九九〇年、三五七―三七二頁。林照『シベリア』三部作、新風書房、二〇一〇―一二年。M. Zagorul'ko（pod red.）. Regional'nye struktury GUPVI NKVD-MVD SSSR, 1941-1951, Volgograd, 2, s. 691-709（チタ第二四収容所）。S. Karasev. Iaponskie voennoplennye na territorii Chitinskoi oblasti（1945-1949 gg.）. Dissertatsiia, Irkutsk, 2002.

（27） 味方俊介『カザフスタンにおける日本人抑留者』東洋書店、二〇〇九年。富田武『コムソモリスク第二収容所――日ソの証言が語るシベリア抑留の実像』東洋書店、二〇一二年。О・ポトリチャク、V・カルポフ、竹内高明（長勢了治訳）『ウクライナに抑留された日本人』東洋書店、二〇一三年。

（28） 二〇一六年五月二八日国際シンポジウム「日本人のモンゴル抑留とその背景」（昭和女子大学）における富田報告「ソ連抑留とモンゴル抑留――比較」。のちボルジギン・フスレ編『日本人のモンゴル抑留とその背景』三元社、二〇一七年、五一―六八頁所収。

（29） その報告を論文にしたものが、富田武「日本人・ドイツ人捕虜のソ連抑留――比較から分かること」『ユーラシア研究』第五四号（二〇一六年八月）、二八―三五頁。

（30） 富田『シベリア抑留』。

（31） 原暉之・天野尚樹編著『樺太四〇年の歴史――四〇万人の故郷』全国樺太連盟、二〇一七年。Elena Savel'eva.

Ot voiny k miru. Grazhdanskoe upravlenie na Iuzhnom Sakhaline i Kuril'skikh ostrovakh 1945-1947 gg. Sakhalin, 2012.（邦訳：エレーナ・サヴェリエヴァ『日本領樺太・千島からソ連領サハリン州へ』成文社、二〇一五年）。Iu. I. Din. Problema repatriatsii koreitsev Iuzhnogo Sakhalina v 1945-1950 gg.〈Voprosy istorii〉No. 8, 2013 s.72-81; Ee zhe. Pervaia politicheskaia organizatsiia koreitsev Sakhalina v bor'be za repatriatsiiu na rodinu.〈Problemy Dal'nego Vostoka〉, No. 6, 2015, s.148-155. 竹野学「樺太からの日本人引揚（一九四五～四九年）人口統計にみる」今泉裕美子ほか編著『日本帝国崩壊期「引揚げ」の比較研究――国際関係と地域の視点から』日本経済評論社、二〇一六年、二三九―二七〇頁。中山大将「樺太移民社会の解体と変容――戦後サハリンをめぐる移動と運動から」『移民研究年報』第一八号（二〇一二年三月）、一〇一―一一九頁。同「サハリン残留日本人の冷戦期帰国――『再開樺太引揚げ』における帰国者と残留者」『移民研究年報』第二〇号（二〇一四年三月）、三―一五頁。

(32) Jonathan Bull, Karafuto Repatriates and the Work of the Hakodate Regional Repatriation Center, 1945-50, *Journal of Contemporary History*, 2018, vol. 53(4), pp. 788-810.

(33) 水野直樹「悲劇はなぜ起こったか　朝鮮北部の日本人埋葬地が語るもの」『世界』二〇一四年一月、四七―五七頁。同「敗戦直後朝鮮北部の日本人とシベリア抑留――朝鮮北部の日本人埋葬地問題と関連して」シベリア抑留研究会第一九回例会（二〇一四年一月）報告。城内康伸・藤川大樹『朝鮮半島で迎えた敗戦　在留邦人がたどった苦難の軌跡』大月書店、二〇一五年。

(34) 長澤淑夫『シベリア抑留と戦後日本――帰還者たちの闘い』有志舎、二〇一一年。富田『シベリア抑留者たちの戦後』。

(35) 小熊英二『生きて帰ってきた男――ある日本兵の戦争と戦後』岩波新書、二〇一五年。

(36) 中村百合子『赤い壁の穴』武蔵野書房。一九五六年、坂間（赤羽）文子『雪原にひとり囚われて』講談社、一九

七五年。加倉井文子『男装の捕虜』国書刊行会、一九八二年。

（37）生田美智子『セーヴェル』第三二号（二〇一六年三月）、三五―五一頁、第三三号（一七年三月）、五一―二五頁、第三四号（一八年三月）、一二一―一三九頁。『軍事史学』第二一一号（二〇一七年一二月）、五一―七五頁。

（38）Andrew Barshay, *The Gods Left First: The Captivity and Repatriation of Japanese POWs in Northeast Asia 1945-1956*, University of California Press. 長縄光男による優れた書評を参照されたい。『ロシア史研究』第九七号（二〇一六年四月）、四三―五一頁。

（39）富田「石原吉郎」、第二章註（13）。本書第三章に収録。

（40）E. Guchinova. Risovat' lager'. Iazyk travmy v pamiati iaponskikh voennoplennykh ob SSSR. Hokkaido University Press, 2016.

（41）Moriia Risa, Vzaimoproniknovenie dvykh muzykal'nykh kul'tur v XX-nachale XXI vv. Iaponiia i Rossiia. Saratov, 2017.（『二〇世紀―二一世紀初の二つの音楽文化の相互浸透　日本とロシア』）

（42）長勢了治『シベリア抑留全史』原書房、二〇一三年。

（43）V. Gavrilov, E. Katasonova（pod red.）. Dokumenty. Iaponskie voennoplennye v SSSR 1945-1956. Moskva, 2013.

（44）富田武・長勢了治編『シベリア抑留関係資料集成』みすず書房、二〇一七年。

（45）小林昭菜『シベリア抑留――米ソ関係の中での変容』岩波書店、二〇一八年。本稿の抑留研究史の文脈で言えば、①日本の先行研究のうち横手の業績にはまったく、富田のそれにはほとんど言及しておらず、②彼女の著作が、抑留を米ソ関係史の中に位置付けた恰も初めての作品であるかのように押し出し、③抑留者をもっぱら米ソ冷戦の犠牲者のごとく、両国の公文書にのみ依拠して（体験記と照らした吟味をせずに）描いている著作だからである。

資料　個人記録データベース化の提言

A　厚生労働省社会・援護局への要望書

二〇一一年三月三一日　シベリア抑留研究会

私たちは二〇一〇年一二月の発足以来、シベリア抑留問題を学術的に研究することにつとめ、二〇一一年一〇月にはシンポジウム「戦後六六年：シベリア抑留を問う」を開催し、元抑留者の方々とも信頼関係を築いてまいりました。この間の活動を踏まえ、「シベリア特措法」に基づく実態調査が来年度に予算化された現状に照らし、以下の要望を検討していただきたく、ここにお願い申し上げます。

記

一　貴局がロシア側から引渡されて保管されている「登録簿」(uchetnoe delo) 及び「登録カード」(uchetnaia kartochka) について。これらは抑留者の親族が請求すればコピーが得られるものの、それ以外のアクセスは「個人情報保護法」を根拠にできないことになっています。しかし、もはや多数を占める死者については、同法の適用を受けないというのが通説ではないでしょうか。それに「登録カード」一三項目について言えば、保護すべき「個人情報」には当たらないと判断します。私たちが「登録簿」「登録カード」の公開を求めるのは、抑留者及び抑留中死亡者の名簿が得られるのみならず、五〇万件以上のデータの処理から、収容と移動のパターンなど有益な情報が得られ、実態解明に資するものと確信するからであります。

二　来年度予算として貴局関係で二億五九七三万二〇〇〇円が計上されました。その大部分を占めるのは「抑留中死亡者身元特定作業関係」と「抑留中死亡者遺骨帰還関係」です。

(1)お尋ねしたいのは、前者の「旧ソ連関係抑留資料の取得・協議・翻訳等に係る経費」の内容です。上記「登録カード」の翻訳をやってこられたのは承知していますが、それ以外の新たな「資料の取得」として想定しているものは何でしょう。

(2)後者としてハバロフスク、ザバイカル、沿海、イルクーツク、クラスノヤルスク、ブリヤート、カザフスタンが実施地域として挙げられていますが、その実施計画をお教えください。「民間団体等を活用」とありますが、具体的には何を指しているのでしょうか。失礼ながら、「相沢団体」も旧「斎藤団体」も御高齢で実施に協力するのは無理でしょう。私たちはこのうち幾つかの地域の研究者と連絡があり、いつでも協力する用意があります。

三　抑留問題の解決には貴省だけではなく、総務省、外務省の尽力も必要と考えます。従来ロシア側から引渡された公文書は上記「登録簿」「登録カード」のみであって、ロシア各地の公文書館に所蔵される厖大な公文書に、私たちが出かけては、いわば手工業的に取り組んでいるのが実情です。抑留に関する公文書引渡しを求めるのは日本政府として当然の権利であり、引渡された公文書に私たちが取り組むことによって抑留の全体像を明らかにし、残された時間の少ない元抑留者の体験の歴史的意味を解き明かすことが急務ではないでしょうか。

文責：代表世話人　富田武（成蹊大学教授）

B　厚生労働省社会・援護局援護・企画課長殿

二〇一四年二月二二日

要望書

「シベリア抑留」体験者たちの高齢化が進み、終戦＝抑留七〇年は来年に迫っています。しかし「戦後強制抑留者に係る問題に関する特別措置法」（二〇一〇年六月一六日成立）を踏まえた「強制抑留の実態調査等に関する基本的な方針」（二〇一一年八月五日閣議決定）の実施は、遅々として進んでいません。

厚生労働省が保管する抑留者の登録簿及び登録カードは、そこから基本的な情報を得られることが抑留者の遺家族に積極的には公知されておらず、どこの収容所にいたのかさえ知らない遺家族が今なお数多く存在しています。しかも、厚生労働省は右の資料を抑留者と遺家族の問い合わせに回答するためにしか利用しておらず、これを研究者に提供し、あるいは協力を呼びかけて抑留の実態解明に踏み込もうとはしていません。個人情報保護法がネックになっているのですが、その保護対象外の死亡者の登録簿及び登録カード全体を拘束年月日、拘束地、収容所または病院、死亡年月日、死亡原因、埋葬地の別に分類、整理すれば統計学的に有意味なデータが得られ、実態解明の有力なベースの一つになります。さらに厚生労働省は、その前身である引揚援護庁傘下の舞鶴等各地の引揚援護局が引揚者上陸時に行った厖大な面接記録を保管しているにもかかわらず、平和祈念事業特別基金編『戦後強制抑留史』編纂の利用に供した以外、研究者の利用や舞鶴引揚記念館等における利用にも供しておりません。

私たちは民間で実態調査を進めている者として、かかる現状を憂慮し、厚生労働省に早急に対策を立てていただきたく、以下三点を要望するものです。

一　厚生労働省は、抑留者と遺家族に「抑留記録」（登録簿及び登録カード）が入手できることを、どんな情報が得られるかの説明も含めて周知すること。

二　厚生労働省は、少なくとも抑留死亡者の「抑留記録」をデータベース化し、研究者の利用に供するか、研究者の協力を得て共同研究を行うこと。

三　厚生労働省は、少なくとも舞鶴引揚援護局の身上書及び面接調査記録を研究者の利用に供するか、研究者の協力を得て共同研究を行うこと。

シベリア抑留者支援・記録センター
代表世話人　有光　健
シベリア抑留研究会
代表世話人　富田　武

C　「実態解明」のためには厚労省保存「個人記録」データベース化が不可欠

二〇一八年五月一六日、衆議院第二議員会館の会合で配布
富田　武（抑留研究会代表世話人）

「シベリア特措法」成立から八年経ちますが、抑留の実態解明はどこまで進んだのでしょうか。この間研究者の間では長勢了治『シベリア抑留全史』（原書房、二〇一

三年）、富田武『シベリア抑留』（中公新書、二〇一六年）、長勢・富田編『シベリア抑留関連資料集成』（みすず書房、二〇一七年）などが刊行され、実態解明はある程度進んできました。しかし、厚生労働省は何をしてきたのでしょうか。

たしかに、厚労省は個々人の問い合わせに応じて「個人記録」を本人と親族に伝えてきました。年に一度夏は遺骨収集に関する報告、抑留死亡者の姓名発表を時々、そして年度末にまとめて行ってきました。しかし、これは最低限の情報提供にすぎず、「実態解明」には程遠いと言わざるを得ません。有光健氏（シベリア抑留者支援・記録センター）と私は、社会・援護局の歴代援護・企画課長に、「実態解明」のためには「個人記録」を公開すべきであり、せめて個人情報を除いたデータを研究者に開示してほしいと要求し、共同研究も呼びかけてきましたが、その場では「ごもっとも」と言いながら、実際には何の具体的措置もとってきませんでした。

私が強調したいのは「個人記録」は抑留の調査・研究のためのデータ・ベースにすべきものとして実に貴重な情報群であることです。

「個人記録」とはどういう資料か

「個人記録」（正式には「個人登録簿」）とは、捕虜を収容所（内務省と国防省の管轄に分かれる）に入れる際に担当官が行う質問（アンケート）記録のことで、以下の四〇項目からなります（第四一項目は本人のサイン）。捕虜個々人を詳しく調べ、管理に役立てようとする動機で作られたもので、日本軍より早くソ連軍に降伏したドイツ軍と同盟国軍の捕虜につき、先に作成されました。

1）姓　2）名　3）父称（ロシア人に固有のもの）　4）生年　5）出生地　6）軍隊召集時の住所　7）民族　8）言語（母語）9）その他の使用言語　10）国籍、市民権　11）所属政党　12）宗教　13）教育　14）入隊前の職業または専門　15）専門職業経験　16）所属軍隊（国）　17）志願か徴兵か　18）入隊時期　19）兵科　20）所属部隊　21）認識番号　22）階級　23）部隊内の任務　24）褒賞　25）捕虜か投降か　26）投降した期日　27）捕虜になった場所　28）家族（独身か既婚か）　29）妻子の姓名、年齢、職業、住所　30）父母の姓名、年齢、職業、住所　31）兄弟姉妹の姓名、年齢、職業、住所　32）父の階層　33）父の社会的地位　34）父の資産状況

35）捕虜の階層と社会的地位　36）ソ連居住歴　37）親族知人のソ連在住者　38）取調べ、裁判、罪名、服役地　39）他国に行った経験　40）入隊までの活動（具体的に）。

なお、

・収容所または病院の移動は、表紙に記される。

・移動用に一三～一五項目からなる「登録カード」が作成される。

・死者の場合は、死亡年月日、死亡理由（病名等）、埋葬年月日と埋葬地の所在も付記され、カルテが添付される。

このデータから何が得られるか

抑留者の遺族・家族にとっては、自分の祖父、父、伯父・叔父、兄弟等が満洲のどこで、いつ捕虜になり、ソ連のどの辺で収容生活を送ったか、収容所は一カ所だったか、複数の収容所をたらい回しにされたかなど、最低限の情報が得られ、とくに収容所については他人の回想記を併せ読むと、生活の様子を知る手がかりになります。

さらに、五〇万を超える登録簿（全体を「登録簿集合」と呼ぶ）は、抑留研究に必要な統計的＝社会学的データが得られる基礎資料となります。法で保護される「個人情報」に該当するのは11、12、29－34、38でしょうが、これは黒塗りしてかまいません。それを除くデータをエクセル入力して、項目ごとにソートすれば多くのことが判明します。

例えば捕虜の年齢構成は、一九二四年前後生まれが最も多いと経験的には分かっているが、データで裏付けられます。軍隊召集年を見れば、一九四五年現地（満洲）召集がどれだけいたかも判明します。従来も、どの部隊がどこで捕虜とされ、どの野戦収容所を経てソ連領内の捕虜収容所に送られたのかの概要（延吉－クラスキノ経由か、黒河－ブラゴヴェシチェンスク経由か、中東鉄道満洲里駅経由かなど）は分かっていたが、正確な裏付けが得られます。さらに、登録簿の表紙に書かれた複数の収容所または特別病院の番号から、抑留後の移動のパターンも析出できます。死者は最初の冬に八割が集中したと言われるが、それも裏付けられます。死因、とくに病気の第一位が栄養失調症であることはソ連軍医の報告にも見えるが、その他の順位と地域的な特徴も判明します。埋葬地も、各収容所の周辺にどう分布していたかまで分かります。

抑留研究では、ロシアの公文書や資料集、研究書から抑留のシステムや政策、その変化、また、地域的な特徴を把握することに加えて、これと抑留体験者個々人の回想記（二千超と言われる）の内容を結びつけ、個々人の抑留体験を全体的な抑留システムの中で理解できるようにすることが課題で、データベースは結びつけの要に位置します。

緊急の提言

三月二八日に私が援護・企画課資料調査室長代理と別件（銃殺刑判決を受けた日本人リスト）で話したとき、代理は「私どもにはロシア語ができるスタッフがいない」（問い合わせ回答等に必要な邦訳は嘱託にお願いしている）と告白していました。従って、右記「個人情報」のデータベース化は、ロシア語が読め、かつ抑留問題に精通している研究者らに委託するほかはありません（露語化された満洲の地名の邦訳は容易ではない）。

抑留体験者がもはやごく少数になり、遺族・家族も高齢化している今日、ことは急ぐべきで、二〇二〇年＝戦後七五年八月までにデータベース化を完了させるべきです。この作業は「個人情報」保護もあるので厚労省の一室で、一〇人内外のデータベース化チームが平日八時間勤務しても（当然「高度プロフェッショナル」に見合う謝礼が必要）、間に合うかどうかギリギリだと判断します（一日千人分、三〇〇日稼働）。私は、このために二年間全精力を振り向けてチームを率いる覚悟なので、早急に検討、実現されるよう強く望みます。以上。

D　厚生労働省社会・援護局援護・業務課調査資料室あて要望書

二〇一八年五月一八日

富田　武（抑留研究会代表世話人）

記

私は去る一六日に衆議院第二議員会館で開かれた会合に「『実態解明』のためには厚労省保存『個人記録』データベース化が不可欠」を配布し、発言で趣旨を説明しましたが、不正確な部分もあったので、「緊急の提言」を中心に補足説明いたします。

「緊急の提言」は、「個人記録」データベース化が、厚労省社会・援護局援護・業務課調査資料室の失礼ながら手に負いかねる仕事かと思い、私を責任者とする民間チームに委ねてはどうかと提言したものです。むろん、この仕事が機密保持上、厚労省の一室で行われる以上、どなたか専門担当者が一人ついていただいても、また、遺族・親族からの個別の要望に応じて翻訳をしている嘱託の方にチームに加わっていただいても、結構です。

「特措法」のいう実態調査は「民間との協力のもとに進める」とある以上、民間の専門家である私が、戦後七五年の二〇二〇年までに、抑留体験者がすべて鬼籍に入られないうちにデータベース化をやりましょうと申し出ているのを断る理由がどこにあるのでしょうか。

昨今諸省庁が諸公文書管理で失態を晒し、国民の国家公務員に対する信頼が落ちてきている中で、厚労省が自ら管理する公文書＝「個人記録」のデータベース化を戦後七五年の夏までにやり遂げ、シベリア抑留問題の解明に大きく資することになれば、国民が貴省を見直し、高く評価することは疑いありません。

ここで経費の件を心配されると思いますが（私も発言で誤って誇大に六億円と言いましたが）、私の見積もりをお示しします。チームは一〇人、この仕事はロシア語と抑留に関する知識を要するので、マーケティングの翻訳に従事する派遣社員と仮に同等とみなすと、時給一九〇〇〜二五〇〇円とのことなので、仮に中間の二二〇〇円とします。八時間労働、年間労働二二五日（五日×四五週）、二年間四五〇日で「個人記録」が五四万人分あるとみなすと一日一二〇〇件、一人八時間で一二〇件をこなすハードな仕事になり、日給二二〇〇〇円は当然でしょう。年間経費は三九六〇万円、交通費・昼食代（一日平均一二〇〇＋八〇〇円）込み二年間で八〇一〇万円という計算になります。

政府の財政難は承知していますが、約八〇〇〇万円でデータベース化ができるなら決して高いとは言えないでしょう。本年度は補正予算で、来年度は正規予算で対処していただきたく思います。厚労省トップレベルの御英断に期待します。なお、詳細につき説明を求められれば、いつでも参上します。

以上。

E　厚生労働省社会・援護局援護・業務課調査資料室の回答書

平成三〇（二〇一八）年八月九日

五月一八日付けの要望書につきまして、以下のとおり回答いたします。

当室では、御遺族が高齢化している現状を踏まえ、身元特定の作業に係る体制を強化して抑留者関係資料調査の迅速化をはかり、特定した抑留中死亡者について、地方公共団体の協力を得て遺族の所在を確認し、その遺族に対して資料の内容をお知らせしています。

「個人記録」のデータベース化につきましては、遺族等の個人に関する情報が含まれること、記載されている項目が個人情報（「行政機関の保有する情報の公開に関する法律」における個人には、生存する個人のほか、死亡した個人も含まれる）に該当すること、データベース化を行うにあたっての予算の確保が困難であることなどの理由から、現時点で、実施は考えておりません。

なお、弊省における行政文書の開示については、「行政機関の保有する情報の公開に関する法律」に基づいて行われておりますが、国立公文書館に資料移管後は、「公文書等の管理に関する法律」等に基づいて行われておりますので、ご了承ください。

F　厚生労働省社会・援護局援護・業務課調査資料室

御中

二〇一八年八月一一日

富田　武（抑留研究会代表世話人）

去る八月九日付の貴回答書につき意見を申し述べ、再考を強く要望いたします。

「個人記録」のデータベース化を実施しない理由として、①遺族等の個人に関する情報が含まれていること、②記載されている項目が「行政機関の保有する情報の公開に関する法律」の個人情報に当たること、③予算の確保が困難であること、を挙げていますが、主たる理由はどれでしょうか。①に関しては、家族構成と氏名、年齢等、本人の信仰、資産等の項目はデータベース化に含めず、黒塗りにして結構だと繰り返し申し上げています。③は、これも当方が強調する事業の必要性と緊急性（戦後七五年が近づき、抑留体験者がほぼ全員鬼籍に入られる前に実施したい）に触れていない一般論に過ぎません。従って、②が主たる理由と判断されます。「個人情報保護法」では、個人情報といえども研究目的のために開示されるとなっているのに（第五〇条）、実際には、行政機関の判断で保護対象とされれば開示されないとする右記法律が、貴機関の判断の最終的拠り所になっていることを、まことに遺憾に思います。

そもそも、抑留体験者がいつ、どこで捕虜とされ、どの収容所に最初に入れられ、いつ帰国したか、また何の病気で、いつ、どこで死んだのか等をデータベース化することで、いかなる不利益が生ずるのでしょうか。本人が戦後十数年受けたような偏見や就職等の差別はもはや存在しません。むろん、遺族・家族（生存帰還者の家族）の一部には「なかったことにしたい」気持ちもあるでしょう。データベース化とは文字通りの全面公開を意味しません。厚労省のサイトに掲載しても、パスワードを用いなければ一般にはアクセスできないようにすればよいのです（但し、研究者は自由に閲覧できるようにする）。

いったい、貴機関は「戦後強制抑留者に係る問題に関する特別措置法」（二〇一〇年六月一〇日）第一三条の「実態調査」義務を何とお考えでしょうか。実は「実態調査」を狭義に解釈し、現に実施している遺骨の収集と抑留死亡者の情報の遺族への提供（ロシア政府から提供された資料のこの限りでの利用）に限定しているものと判断せざるを得ません。遺族・家族は、父や兄弟や祖父がどこで、どのような抑留生活を強いられたのかを全体像の中で知りたいのですが、この全体像は、かつて総務省が委託して「平和祈念事業特別基金」が編纂した『戦後強制抑留史』のバイアスがかかったものしか公的には存在しません。ロシア政府・公文書館からの外務省を通じた資料取得も、名簿以外はまったく不十分と言わざるを得ません。だからこそ、私どもは貴機関が保管する「個人記録」の情報をデータベース化すれば、現有資料からだけでも全体像解明の基礎ができると考え、六年前から歴代の援護・企画課長に繰り返し訴えてきました。

それを断って「個人記録」を今後どうされるつもりですか。貴機関単独ではできないと言われるから、「特措法」及びその具体化のための「閣議決定」（二〇一一年八月五日）も謳う「民間団体の協力」を私どもが自ら申し出ているのに、しかも機密保持に協力して厚労省内で作業すると言っているのに、です。「現時点で、実施を考えておりません」とは、どういう意味ですか。

私どもとしては、先に電話でもお伝えしましたが、この回答書を要望書とともに公表し、国民の判断を仰ぐことにいたします。また、貴機関と国立公文書館では「個人記録」の扱いが異なる点については（後者では、資料が未整理でロシア語のまま、閲覧手続きが面倒だが、黒塗り部分を除いてともかく閲覧可能）、政府に質し、統一的な扱いを求めることにいたします。

個人登録簿の記載内容（個人情報除く）の一例（国立公文書館で富田入力）（表6）

表6-1　帰還者個人資料　旧ソ連邦政府等提供資料（2005年度）　1から（冒頭30人例示）

1 姓	2 名	4 生年	5 出生地	14 職業	18 入営日	19 兵科	22 階級	23 任務	26 拘束日	27 拘束地	41 署名	収容所/収容日
Абе	Нин	1910	福島	事務員	20.03.45	記載なし	兵卒	射撃手	16.09.45	斉々哈爾	阿部　任	34/ 27.09.45
Абе	Тасуку	1909	新潟	教員	80.08.45	歩兵	伍長	労務	22.08.45	遜克	阿部　祐	34/ 13.11.45
Абе	Юкио	1918	新潟	地主	17.05.45	歩兵	兵卒	機関銃	17.08.45	博克図	阿部　幸雄	34/ 26.09.45
Абиру	Акира	1925	長崎	炭鉱職長	03.45	砲兵	兵卒	?	16.09.45	斉々哈爾	阿比留　顕	記載なし/10.45
Авакура	Мицуди	1913	静岡	商人	11.11.44	歩兵	兵卒	労務	17.08.45	博克図	粟倉　光次	34/ 13.11.45
Авоки	Мицутоси	1926	墨塗り	事務員	17.05.45	砲兵	兵卒	?	16.09.45	斉々哈爾	青木　光利	34/ 15.10.45
Адзума	Иосио	1906	大阪	旋盤工	10.44	歩兵	兵卒	従卒	05.09.45	奉天	東　義雄	34/ 13.10.45
Адзума	Рииокичи	1924	三重	仲買人	03.45	装甲兵	兵卒	従卒	05.09.45	奉天	東　良吉	34/ 13.10.45
Айко	Нобору	1910	熊本	書記	17.05.45	歩兵	兵卒		17.08.45	博克図	愛甲（ノボル）	34/ 28.09.45
Аихара	Такео	1903	平塚	職長	11.08.45	歩兵	上等兵	鍛治工	22.08.45	遜克	相原　武夫	34/ 13.11.45
Аказава	Сеизи	1914	北海道	事務員	09.08.45	歩兵	兵卒	労務	22.08.45	遜克	赤澤　清二	34/ 13.11.45
Акамацу	Куниз?	1923	新潟	無線技士	10.03.44	歩兵	上等兵	無線士	17.08.45	?	赤松	34/ 28.09.45
Акихама	Юуичиро	1910	島根	旋盤工	03.45	装甲兵	兵卒	従卒	05.09.45	奉天	秋濱　勇一郎	34/ 13.10.45
Акахори	Сакуцуси	1916	静岡	商人	11.11.44	歩兵	兵卒	?	14.08.45	博克図	赤堀	34/ 28.09.45
Акияма	Тоеджи	1923	宮崎	大工	44	迫撃砲兵	兵卒	迫撃砲	17.08.45	博克図	秋山　豊治	34/ 13.10.45
Амимото	Сеиичи	1902	山口	大工	09.08.45	歩兵	兵卒	労務	22.08.45	遜克	網本　清一	34/ 13.11.45
Андо	Каозао	1923	愛知	農民	03.10.44	歩兵	兵卒	重機関銃	17.08.45	博克図	安藤（コウゾウ？）	34/ 28.09.45
Андоо	Шеоити	1918	長野	無職	05.45	歩兵	兵卒	狙撃手	18.08.45	斉々哈爾	安藤　正一	34/ 26.09.45
Анзай	Ватаро	1909	福岡	組立工	43	歩兵	上等兵	従卒	05.09.45	奉天	安西　和太郎	34/ 13.10.45
Аоки	Кането	1922	宮崎	無職	02.44	砲兵	兵卒	照準手	18.08.45	斉々哈爾	青木　金人	34/ 26.09.45
Аоки	Такео	1923	滋賀	鍛冶屋	02.45	装甲兵	兵卒	従卒	05.09.45	奉天	青木　武雄	34/ 13.10.45
Араи	Гензи	1923	東京	組立工	05.45	装甲兵	兵卒	従卒	05.09.45	奉天	新井　源次	34/ 13.10.45
Араи	Такео	1916	愛知	印刷工	15.05.44	迫撃砲兵	上等兵	迫撃砲	17.08.45	博克図	アライ（タケオ）	34/ 28.09.45
Араи	Харуо	1924	東京	書記	20.03.45	迫撃砲兵	兵卒	迫撃砲	17.08.45	?	新井　治男	34/ 28.09.45
Аракава	Иосинобу	1906	福井	旋盤工	08.44	装甲兵	兵卒	従卒	05.09.45		荒川　義信	34/ 13.10.45
Араки	Кентаро	1913	山形	無職	05.45	歩兵	兵卒	狙撃手	18.08.45	斉々哈爾	荒木　謙太郎	34/ 26.09.45
Араки	Магосаку	1902	富山	運転手	08.45	歩兵	兵卒	狙撃手	22.08.45	遜克	荒木　孫作	34/ 13.10.45
Араки	Суецугу	1908	熊本	簿記係	05.45	砲兵	兵卒	運転手	18.08.45	斉々哈爾	荒木　須嗣	34/ 26.09.45
Арима	Иоситака	1912	鹿児島	工場主	20.05.45	歩兵	兵卒	狙撃手	17.08.45	?	有馬（ヨシタカ）	記載なし
Арита	Минору	1903	福岡	倉庫係	09.08.45	歩兵	兵卒	労務	22.08.45	遜克	有田　實	34/ 13.11.45

＊34＝クラスノヤルスク　27の遜克は黒河の東南100 kmにあり，アムール河に面した県。41署名欄の（　）は姓のみだが，名を引用者が補った。

表6-2　死亡者個人資料　旧ソ連邦政府等提供（1993年度）1から（冒頭11人例示）

姓	名	生年月日	出生地	職業	階級	拘束地	拘束日	収容所・病院	死亡日	死因病名	埋葬地	署名
Накано	Иосоку	28.01.04	静岡	教員	兵卒	孫呉市	17.08.45	2017特別病院	24.02.46	栄養失調症，腸炎	同病院墓地 3 区画-3	中野　要作
Мемера	Кииска	19.04.16	富山	書記	上等兵	孫呉市	17.08.45	2017特別病院	15.02.46	肺結核，腸結核	同病院墓地 3 区画-1	三村　敬祐
Ковамото	Сиро	07.05.17	広島	農民	兵卒	孫呉市	17.08.45	2017特別病院	11.02.46	食餌性異栄養症	同病院墓地 2 区画-20	川本　四郎
Канавака	Сиизо	03.01.24	京都	組立工	兵卒	д.Айгуль	21.08.45	2017特別病院	12.02.46	右肺炎	同病院墓地 2 区画-19	川中　新三
Кога	Эптен	10.11.15	不明	出納係	兵卒	孫呉市	17.08.45	2017特別病院	08.02.46	血液大腸炎	同病院墓地 2 区画-17	古賀　栄典
Ониси	Эитаро	01.01.25	岩手	農民	兵卒	Айчун	21.08.45	2017特別病院	26.02.46	食餌性異栄養症	同病院墓地 3 区画-4	大西英太郎
Такизава	Тоези	30.10.25	神奈川	電気技士	兵卒	孫呉市	17.08.45	2017特別病院	28.02.46	食餌性異栄養症	同病院墓地 3 区画-6	滝沢　豊次
Такеда	Еичи	12.07.07	愛媛	農民，運転手	兵卒	孫呉市	17.08.45	2017特別病院	08.02.46	結核	同病院墓地 2 区画-18	竹田　輿一
Хасимото	Сигдо	03.03.08	和歌山	運転手	兵卒	孫呉市	19.08.45	2017特別病院	28.02.46	栄養失調症	同病院墓地 3 区画-5	橋本　重百
Цузита	Масанобу	06.04.16	富山	農民	兵卒	孫呉市	17.08.45	記載なし	17.02.46	結核	同病院墓地 3 区画-2	辻田　正信
Цутия	Коносуке	01.01.15	福島	会計係	上等兵	横道河子村	18.08.45	2017特別病院	07.02.46	栄養失調症，結核	同病院墓地 2 区画-16	土屋幸之助

＊アムール州ザヴィータヤ駅付近

おわりに

この八月下旬、国立ハバロフスク地方公文書館（GAKhK）を七年ぶりに訪れて仕事を始めたら、「事件」に遭遇した。三日目に警察官がやって来て「観光ヴィザ」では学術研究はしてはならない、ロシア連邦出入国法違反だとオヴィール（外国人ヴィザ登録事務所）まで連行され、取り調べを受け、罰金を払わされ、残りの滞在期間の GAKhK 利用を禁止されたのである。EU諸国ではビザ自体が廃止されて久しいのに、この国ではソ連時代の外国人に対する警戒心がなお残っていることに憤りを覚えた。短期滞在の場合ロシアの学術機関から招待状をもらって在日大使館に出向き「学術ビザ」申請をするような面倒なことは、ほとんど誰もやっていなかったし、「観光ビザ」代用で済んできたのに、いまさら摘発とは何だという気持ちである。むろん、日本外務省には善処を申し入れた。

実は、この八月のロシア極東行には、もう一つのミッションがあった。抑留を描いた日露合作映画『着物生地製のヴァートニク（フハイカ＝綿入れ）』のハバロフスク・ロケを、いわばマネージャーとしてサポートすることだった（プロデューサー及び監督はロシア側、私は抑留関連の地理に通じた案内役、慰霊・墓参団を撮影させてもらう仲介役）。この映画は著名な抑留画家木内信夫さん（九四歳、柏市在住）とトゥイルマ日本人捕虜収容所長（故人）を陰の主役とし、前者の子息正人さんと後者の孫娘イリーナ・モロゾワさん（もと女優の監督）を表の主役とする映画で、回想と二人の旅を通じて抑留のリアルを描き、日露の和解と友好を願うものである。私は現地マネージャーの役割を何とか果たし、ロケも大成功だったと言ってよい（完成、公開は二〇一九年秋以降になるだろう）。

この夏は、抑留研究は公文書及び回想記の読みと現地追体験を三要素とするという年来の信念を文字通り実行したと言ってもよい。むろん、終章の「六つの課題」は道半ば、南樺太、北朝鮮における抑留の研究は端緒に着いたばかり、旅順・大連に至っては手もつけていない。自分があと何年健康で（前立腺癌を抱えながらも）研究に専念できるのか、少々不安になり、後継者の育成を急ぐことも含めて、前のめりになっている現状である。

本書の一部の調査は、科学研究費基盤研究（A）「日ソ戦争および戦後の引揚・抑留に関する総合的研究」（代表　白木沢旭児北海道大学文学部教授）の助成を受けたものである。刊行に当たっては、今回も人文書院の井上裕美さんにお世話になった。ふだんからの情報のやり取りで教えられたことも少なくない。ひたすら感謝である。

本書は何よりも抑留現地死者に捧げられるが、この間亡くなられた抑留体験者、とくに池田幸一（シベリア抑留者支援・記録センター代表）、加藤九祚《きゅうぞう》（文化人類学・考古学者）、猪熊得郎（不戦兵士・市民の会代表理事）、薄井憲二（日本バレエ協会前会長）の諸氏にも献じたい。

二〇一八年一二月

富田　武

著者紹介

富田　武（とみた・たけし）

1945年福島県生まれ。

東京大学法学部卒業。

東京大学大学院社会学研究科博士課程満期退学。

成蹊大学名誉教授。専門はソ連政治史，日ソ関係史，シベリア抑留。

著書に『スターリニズムの統治構造――1930年代ソ連の政策決定と国民統合』（岩波書店，1996年），『戦間期の日ソ関係――1917-1937』（岩波書店，2010年），『シベリア抑留者たちの戦後――冷戦下の世論と運動　1945-56年』（人文書院，2013年），『シベリア抑留――スターリン独裁下，「収容所群島」の実像』（中公新書，2016年，アジア・太平洋賞特別賞），ほか。

JIMBUN SHOIN Printed in Japan
ISBN 978-4-409-52075-8　C1021

シベリア抑留者への鎮魂歌《レクイエム》

二〇一九年二月二〇日　初版第一刷印刷
二〇一九年二月二八日　初版第一刷発行

著　者　富田　武
発行者　渡辺博史
発行所　人文書院
〒六一二-八四四七
京都市伏見区竹田西内畑町九
電話〇七五（六〇三）一三四四
振替〇一〇〇〇-八-一一〇三

装幀者　間村俊一
印刷・製本　創栄図書印刷株式会社

乱丁・落丁本は送料小社負担にてお取替いたします。

http://www.jimbunshoin.co.jp/